Dunja Ramadan

Khalid und das wilde Sprachpferd

Dunja Ramadan

Khalid und das wilde Sprachpferd

Geflüchtete begegnen der deutschen Sprache

Dudenverlag
Berlin

INHALT

7	Sprache – der Schlüssel zur Integration?
12	Khalid spielt mit der deutschen Sprache *Wenn langsam Licht ins Dunkel fällt*
42	Lina steht still *Wenn Heimweh das Ankommen verhindert*
70	Die Sprache der Bürokratie *Wie Flüchtlinge das Deutsche wahrnehmen*
84	Die Sprache der Liebe *Warum Araber so blumig sprechen*
104	Alhamdulillah versus »Passt schon« *Wie sich Werte in der Sprache widerspiegeln*
122	Wallah, sie hat ein Imageproblem! *Die Angst vor der arabischen Sprache*
137	Lieblingswörter der Geflüchteten *Statt eines Nachworts*
139	Die vier Hauptprotagonisten des Buches
140	Anmerkungen
141	Literaturverzeichnis

SPRACHE – DER SCHLÜSSEL ZUR INTEGRATION?

Deutschland hat eine neue Zuwanderin: Sie ist laut, wortgewaltig und unsichtbar. Doch wer mit offenen Ohren durch Köln, Berlin oder München geht, begegnet ihr: dem gerollten R, dem stark gehauchten H, dem kehligen A. Es ist die arabische Sprache, die gemeinsam mit den mehr als eine Million Flüchtlingen aus Syrien und dem Irak eingereist ist und sich gerade wohnlich einrichtet. Sie macht Deutschlands Migrantensprache Nummer eins ernsthafte Konkurrenz. Das Türkische gehört mittlerweile zur deutschen Geräuschkulisse, ob an der Supermarktkasse, in der U-Bahn oder im Hausflur – die Sprache ist eingebürgert. Kaum jemand dreht sich mehr danach um oder rätselt gar, was das wohl für eine Sprache sei. Doch das tief aus dem Rachen kommende Ain und das am Obergaumen gebildete Dād ist neu – und damit auch vielen Menschen fremd.

Sprache ist zum Politikum geworden: An ihr wird bemessen, ob Integration gelingt oder scheitert. In Zeiten gesellschaftlicher und politischer Veränderungen dient die Sprache als Projektionsfläche für das Eigene und das Fremde. Einige sehen in unbekannten Sprachen das Anzeichen einer schleichenden Überfremdung. Andere wiederum sehen darin lediglich ein Zeichen der Globalisierung, in der Nationalitäten und Grenzen zunehmend verschwimmen.

In diesem Buch blicken Flüchtlinge auf die deutsche Sprache. Mehr als eine Million sind in den vergangenen Jahren nach Deutschland gekommen. Mittlerweile haben die meisten von ihnen ihre ganz eigenen Erfahrungen mit der fremden deutschen Sprache sammeln können. Sie erzählen, wie es sich für sie angefühlt hat, das vertraute Umfeld der Muttersprache verlassen zu *müssen,* in der sie bislang gedacht, gefühlt, geliebt, geschimpft und geträumt haben.

Während der Recherche zu diesem Buch kam ich an einem Zeitungsstand vorbei. Auf der Titelseite einer Münchner Lokalzeitung las ich eine alarmierend wirkende Überschrift: Das Bairische wird spätestens 2040 ausgestorben sein. Für viele Menschen mag das eine beängstigende Vorstellung, vielleicht sogar ein Schreckensszenario sein, denn ein Sprachverlust kann immer auch einen Identitätsverlust nach sich ziehen. Doch auch vielen Flüchtlingen fällt es schwer, aus einer sprachlich vertrauten Umgebung gerissen und auf einmal von fremden Klängen umgeben zu sein. Nach der Flucht, den Schreckensbildern des Krieges, dem Verlust von Freunden, Bekannten oder sogar Familienmitgliedern müssen Geflüchtete auf einmal eine neue Sprache von Grund auf lernen. Gerade noch plagten sie Verlust- und Todesängste und nun müssen sie die Schulbank drücken und die Muttersprache ablegen, als wäre es ein folkloristisches Gewand aus der Vergangenheit, das in der westlichen Welt nicht mehr zeitgemäß und deshalb unbrauchbar ist. Das man möglichst schnell loswird, um endlich anzukommen.

Dabei ist Sprache nicht nur ein Mittel der Verständigung. Sie zeigt das Wesen einer Person, ist Teil ihrer Identität, offenbart kulturelle Eigenheiten, die man nicht von einem auf den anderen Tag ablegen kann – oder will. Sprache bedeutet Heimat, schrieb schon Wilhelm von Humboldt: »Die wahre Heimat ist eigentlich die Sprache. Sie bestimmt die Sehnsucht danach, und die Entfernung vom Heimischen geht immer durch die Sprache am schnellsten.« Als die jüdische Schriftstellerin Hilde Domin ihre Heimat 1932 während der Nazidiktatur verlassen musste, war es die deutsche Sprache, die ihr in der Fremde ein geistiges Haus der Erinnerung blieb. Sie lebte jahrelang im Exil in der Dominikanischen Republik. Ihre Muttersprache war für sie »das Unverlierbare, nachdem alles andere sich als verlierbar erwiesen hatte. Das letzte unabnehmbare Zuhause.« Erst 1953 kehrte sie nach Heidelberg zurück. Dort traf Domin Jahre später den wohl bekanntesten syrischen Exil-Schriftsteller Rafik Schami, der wie sie seine Heimat verlassen musste, weil ihm dort die Verfolgung drohte. Er wanderte Anfang der Siebziger Jahre nach Deutschland aus. Auch im Exil weigerten sich arabische Verleger, seine Bücher in seiner Muttersprache zu drucken – also musste er auf Deutsch schreiben. Im Rahmen einer gemeinsamen Lesung erzählte er Hilde Domin, man habe ihn aus seinem arabischen Sprachhaus vertrieben, weshalb er nun auf Deutsch schreibe. »Ich werde ihren traurigen Blick nie vergessen«[1], schreibt Schami in seinem Buch »Ich wollte nur Geschichten erzählen«. Heute gehört Rafik Schami mit seinen Romanen zu den meistgelesenen deutschsprachigen Autoren. Er hat ganz offensichtlich eine neue sprachliche Heimat gefunden, wovon die meisten Geflüchteten noch träumen.

Ich selbst bin zweisprachig aufgewachsen, heute argumentiere ich auf Deutsch und schimpfe auf Arabisch – ich empfinde es als Reichtum, mich in beiden Sprachen ausdrücken zu können. Sobald mein arabisches Gegenüber merkt, dass ich es verstehe, setzt sich eine regelrechte Metamorphose in Gang. Aus einem gerade noch scheu und unsicher wirkenden Menschen wird eine humorvolle, lebensfrohe Person – es ist fast so, als habe der

Mensch zwei Gesichter, eins in der Muttersprache, eins in der Fremdsprache. War man in der Muttersprache ein lustiger Zeitgenosse, ringt man nun um jedes Wort, um jeden Witz, der einem einst locker über die Lippen ging. Man flüchtet sich in eine unbeholfene Kindersprache, Doppeldeutigkeiten und Wortwitze sind einem verwehrt – nur ein Hauch von dem, was man eigentlich sagen wollte, kommt beim Gegenüber an. Ohne Tiefe, ohne Unterton, ohne Nuance. Nach jedem Wort suchen zu müssen ist eine große Anstrengung, verbunden mit der Angst, dass das Gesagte beim Gegenüber nicht richtig ankommt. Der libanesische Dichter Khalil Gibran sagte einst: »Zwischen dem, was gesagt wurde, aber nicht gemeint wurde, und dem, was gemeint wurde, aber nicht gesagt wurde, geht am meisten Liebe verloren.«

Als ich einige Monate das Webvideo-Format »News for Refugees« im Südwestrundfunk (SWR) moderierte, das Geflüchtete auf Arabisch mit Informationen und Nachrichten über Deutschland versorgt, merkte ich, wie viel Redebedarf die Neuankömmlinge hatten. Verständlich – in den vergangenen Jahren hatte sich ihr Leben um 360 Grad gedreht. Bei nahezu jeder Straßenumfrage antwortete die Mehrheit der deutschen Passanten in Einwortsätzen, während arabische Passanten einfach kein Ende fanden. Der nicht arabisch sprechende Kameramann warf mir häufig einen seltsamen Blick zu und fragte anschließend: »Was hast du die bitte gefragt, dass sie dir so viel erzählen?« Dabei waren es dieselben Fragen, die ich kurz zuvor Deutschen gestellt hatte, die meine Frage mit »Nein« und einer Gegenfrage beantworteten. Beim Schneiden der O-Töne schlug ich regelmäßig die Hände über dem Kopf zusammen. Die deutschen Interviewpartner waren so kurz angebunden und die arabischen Befragten redeten ohne Punkt und Komma. Ich erkannte, wie schwer erträglich die anfängliche Sprachlosigkeit für viele sein musste.

Es dauert, bis man sich in eine neue Sprache einfindet, bis man religiöse und alltagskulturelle Anspielungen erkennt und selbst mit ihnen spielen kann. Oft sind es minimale Bedeutungsnuancen, die etwas austauschbar oder einprägsam klingen lassen. Und oft entscheidet die Sprache, wie schnell man in der neuen Umgebung ankommt und vor allem wie man von dieser neuen Welt wahrgenommen wird. Die Muttersprache heißt nicht umsonst so – wenn man sie spricht, fühlt man sich zu Hause, geborgen, man selbst. Zwischen den Sprechenden herrscht Vertrautheit. Deshalb spielt sie auch beim Ankommen eine wichtige Rolle. Man kann die Sprache der Geflüchteten nicht aus dem öffentlichen Raum verbannen. Stattdessen kann man versuchen, die fremde Kultur anhand der Sprache zu verstehen. Was sind die empfundenen Unterschiede zwischen dem Deutschen und dem Arabischen? Und was erzählen die beiden Sprachen über die jeweilige Gedankenwelt und Lebensart?

Als ich die Interviews für dieses Buch führte, wurden wir mehrmals von Menschen unterbrochen, die wissen wollten, welche Sprache wir da sprechen. Eine ältere Dame gab sich mit der Antwort »Arabisch« keinesfalls zufrieden. Sie hätte schon längst erkannt, dass das Arabisch sei – doch sie wolle den Dialekt wissen, der ja von Land zu Land unterschiedlich sei. Eine echte Expertin also. Wir freuten uns über ihr Interesse und merkten: Eine fremde Sprache weckt Gott sei Dank nicht nur Misstrauen – sondern auch Neugier. Ich hoffe, ich kann auch die Ihrige wecken.

München, im Mai 2018   *Dunja Ramadan*

KHALID SPIELT
MIT DER DEUTSCHEN SPRACHE
Wenn langsam Licht ins Dunkel fällt

Khalid hat sich seinen Zugang zur deutschen Sprache schwer erkämpft. Doch mit ihrer Hilfe hat er es geschafft, sich in der neuen Umgebung zurechtzufinden. Ja, er hat sie sogar schätzen gelernt, wenn auch anders als seine Muttersprache.

Für den 33-jährigen Khalid al-Aboud war Deutschland vorherbestimmt. Daran erinnerte ihn zumindest seine Mutter, als »Reporter ohne Grenzen« ihn 2014 nach Deutschland holte. Khalid wuchs in Daraa im Südwesten Syriens auf. Nebenan lebte ein Mann, der viel auf Reisen war. Jedes Mal, wenn der Nachbar zurückkehrte, zeigte er dem kleinen Khalid Bilder aus der großen, weiten Welt: Khalid staunte über atemberaubend hohe Berge, den Schnee, die großen Hunde, die er zuvor noch nie gesehen hatte. Also sagte er zu seinem Nachbarn: »Nimm mich mit und lass mich über Deutschland einfach raus.« Je älter er wurde, desto seltener dachte er an dieses kühne Vorhaben. Heute kann er sich nicht mehr wirklich erklären, wie er ausgerechnet auf Deutschland kam. Er vermutet, dass ihn die Bilder vom Mauerfall faszinierten, die er im Fernsehen sah. Und nun sitzt er ausgerechnet in Berlin, in einem Café in Wedding, vor ihm ein deutsches Frühstück, bestehend aus einem hartgekochten Ei, einer Scheibe Käse, Butter, drei Gurkenscheiben und einem Brötchen. Seine langen, lockigen Haare sind zu einem Pferdeschwanz gebunden, er sieht aus wie ein Berliner Kunststudent. *Nasib,* sagt Khalid und zuckt mit den Schultern. Schicksal eben.

Khalid ist froh, in Berlin gelandet zu sein, er lebt gerne hier. Wenn er mal Heimweh hat, flüchtet er sich in ein arabisches Viertel, von denen es in Berlin einige gibt. Dort trinkt er dickflüssigen, auf Sand gekochten schwarzen Mokka, isst Fatayer, Teigtaschen mit Spinat und Hackfleisch – und genießt die Vertrautheit seiner Muttersprache. Außerdem gibt ihm die Stadt selbst Hoffnung. »Sie zeigt mir jeden Tag, dass Trümmer wieder aufgebaut werden können, dass eine starke Stadt wieder auf die Beine kommt«, sagt Khalid. So wie es Trümmerfrauen nach dem Zweiten Weltkrieg in Deutschland geschafft haben, will er eines Tages seine Heimat wieder aufbauen. Bis es so weit ist, arbeitet er in Berlin als Journalist. Anfangs für das Kulturradio des RBB und mittlerweile für die Nachrichtenseite »Amal, Berlin!«, wie könnte sie auch anders heißen: *Amal*, die Hoffnung. Gemeinsam mit anderen geflüchteten Journalisten aus Syrien, Afghanistan, Iran und Ägypten schreibt Khalid Reportagen, Kommentare, Interviews – und produziert so jeden Tag eine lokale Tageszeitung auf Arabisch und Farsi.

An der Universität von Damaskus studierte Khalid arabische Literatur und arabische Sprache, er verbrachte seine Zeit damit, altarabische Lyrik und moderne Literatur zu lesen und zu interpretieren. Sprache war alles, was er konnte – und was er liebte. Auch in seiner neuen Heimat Berlin wirft er mit Liebesversen von Imru al-Qais, dem »Vater der arabischen Poesie« aus dem 6. Jahrhundert, um sich.

Es passiert in der arabischen Welt nicht oft, dass junge Leute ihrer Leidenschaft folgen dürfen – oft entscheidet der Notenschnitt, welches Studienfach sie wählen: Wenn die Note ein Medizinstudium ermöglicht, dann ist es schwer, sich für etwas

»Geringeres« wie etwa Literatur zu entscheiden. Nicht selten mischt sich die Großfamilie ein: »Ingenieur, Arzt, Pharmazeut, Jurist – aber Literat? Komm schon! Damit kann man doch keine Familie ernähren«, heißt es dann oft – vor allem in einem Land, in dem das freie Wort eher lebensgefährlich statt lebensfördernd ist. Doch Khalid wollte und durfte seine Leidenschaft zum Beruf machen. Dann kam der Krieg und er musste fliehen. In seiner Heimatstadt Daraa begann 2011 die Revolte gegen das syrische Regime.

Ankommen in der Fremde

In Deutschland angekommen zählt Khalid zur Kategorie »Flüchtling«. Doch mit diesem Begriff kann er nichts anfangen. »Ich meine, jetzt mal ehrlich, wann endet der Status Flüchtling? Ist das ein ewiger Zustand? Ich zahle Steuern, arbeite – und trotzdem bin ich für alle nur der Flüchtling.« Auf Arabisch spricht Khalid immer von »Neuankömmlingen« und hofft, dass das Wort »Flüchtling« eines Tages durch ein anderes Wort abgelöst wird. Vielleicht durch eines, das weniger vorbelastet ist und dafür neue, positive Assoziationen weckt. Oder einfach nur: Khalid, 33, Journalist, Syrer – und Sprachliebhaber.

Khalid war zuvor noch nie in Europa gewesen, noch nie in dieser völlig unbekannten (Sprach-)Welt. Das Ankommen war gewöhnungsbedürftig, sagt er. An Heiligabend spazierte er einsam durch die Straßen, keine Menschenseele kam ihm entgegen. Er war gerade auf dem Rückweg zu seiner Flüchtlingsunterkunft, als er einen Fahrradfahrer dabei beobachtete, wie er in der Dunkelheit vor einer roten Ampel ausharrte. Khalid war fasziniert: Da stand ein Mann allein in eisiger Kälte, weit und breit kein Auto in Sicht – und doch wartete er auf das Umschalten der Ampel. Diese Szene brannte sich in sein Gedächtnis. Khalid verstand, dass dieser Mann die Regeln seines Landes verinnerlicht hatte und sie befolgte, auch wenn keine ernstzunehmende Gefahr für ihn bestand. War das typisch deutsch? Würde er je so sein wollen oder können?

In der arabischen Welt werden Regeln nicht so ernst genommen und gern geschickt umgangen. So müssen sich erst seit einigen Jahren Fahrer und Beifahrer im Auto anschnallen, doch jedes Mal, wenn ich in Ägypten, Amman oder Beirut Taxi fahre, schnallt sich der Fahrer erst dann an, wenn er an einer Polizeikontrolle vorbeikommt – oder er drapiert den Gurt so, dass es den Anschein erweckt, er sei angeschnallt. Obwohl es um die eigene Sicherheit geht, können sich die Menschen mit neuen Regeln wohl nur schwer anfreunden. Es sind Situationen wie die an der Ampel, die Khalid wie einzelne Puzzlestücke zusammensetzt, um das neue Land in seiner Komplexität und Widersprüchlichkeit zu verstehen. Dass das nur gelingen kann, wenn er die Sprache lernt, merkte er ziemlich schnell.

Sprachliches Herantasten

Als Khalid nach Deutschland kam, hatte er das Gefühl, ein dunkles Zimmer zu betreten, ein Zimmer der Sprachlosigkeit. Er tastete sich darin langsam vorwärts, war gezwungen, sein Tempo zu drosseln, um sich nirgendwo zu stoßen. Dabei ist nichts für Araber schlimmer, als nichts zu verstehen und sich deshalb nicht einmischen zu können. »Wenn dein Nachbar eine Geschichte erzählt und du darauf nichts erwidern kannst, keinen neunmalklugen Ratschlag geben, keine spöttische Bemerkung loswerden, keine lustige Anekdote erzählen kannst – dann leidest du körperliche Schmerzen«, sagt Khalid al-Aboud und lacht.

Auf einmal an nichts mehr teilhaben zu können war deprimierend. »Wenn zwei Menschen miteinander sprechen, dann ist zwischen ihnen ein unsichtbares Seil gespannt«, sagt Khalid. Setzt der eine zum Gespräch an, zieht er am Seil und zieht sein Gegenüber automatisch mit, ob er will oder nicht. In seinem ersten Jahr in Deutschland zogen alle möglichen Menschen an dem Seil und versuchten, Kontakt zu ihm aufzunehmen – er aber war zu schwerfällig, konnte sich nicht bewegen, stand still. Doch irgendwann zuckte er zusammen, aus dem Zucken wurden ruckartige Bewegungen, dann fließende. Aus einzelnen Vokabeln wurden Sätze, aus Sätzen wurden Gespräche, aus Gesprächen entwickelten sich Freundschaften – sogar eine Liebe entstand. Khalid hat heute eine deutsche Freundin. Sie führte ihn in eine deutschsprachige Alltagswelt ein, die er bislang nicht kannte. An den Wochenenden pendelt er meist – sie wohnt in Heidelberg, er in Berlin.

Doch auch bevor Khalid sie kennenlernte, näherte er sich der deutschen Sprache ganz bewusst. »Man muss im Kopf einen Schalter umlegen. Man muss verstehen, dass es keinen anderen Weg gibt, als diese Sprache zu lernen«, sagt Khalid. Er wusste, dass die Sprache der einzige Schlüssel war, um all die verschlossenen Türen, von denen es unzählige gab, zu öffnen. Und dass er sich nicht entmutigen lassen durfte, wenn der Schlüssel nicht sofort ins Schloss glitt. »Als ich im Sprachkurs saß, dachte ich mir: Das hat ja alles gar nichts mit meinem Alltag zu tun.« Hinzu kamen wechselnde Lehrer, unterschiedliche Lernstufen der Kursteilnehmer – Khalid war verwirrt. Und doch kämpfte er sich durch. Er ging regelmäßig in den Kurs, machte abends die Hausaufgaben und versuchte, so viel wie möglich unter Leute zu kommen.

Schon bald merkte er, wie sich seine Augen an die anfängliche Dunkelheit gewöhnten, er erkannte schwarze Schattierungen, die Umrisse des Zimmers, die Winkel und Ecken, er sah Bilder an der Wand, einen Tisch, eine Lampe, Vorhänge – das Zimmer sah irgendwann regelrecht gemütlich aus. Heute versteht er, warum die Bilder da hängen, wo sie hängen, und der Tisch da steht, wo er steht.

Doch bis es so weit war, vergingen Monate, geprägt von Unsicherheiten. »Viele Flüchtlinge haben Angst, Fehler zu machen. Sie möchten ihr Gesicht nicht verlieren. Das hemmt sie so sehr, dass sie zwar fleißig in den Sprachkurs gehen, aber sich nicht trauen zu sprechen«, sagt Khalid. Er glaubt, das liege auch daran, dass die arabische Fehlerkultur eine andere sei als in Deutschland. Fehler werden oft als persönliche Niederlage empfunden, Kritik als Angriff. Viele Araber nehmen dann eine Verteidigungshaltung ein, anstatt Kritik als Möglichkeit zu begreifen, dazuzulernen. »Fehler werden nicht als vorübergehend empfunden, sondern als Makel, der einem anhaftet. Aber dann kommt man ja nicht weiter. Ich hatte nie ein Problem damit, Fehler zu machen«, sagt Khalid. Nur so konnte er sich stetig verbessern. Wenn er heute Fehler macht, korrigieren ihn seine deutschen Freunde. »Dann sagen sie meistens: ›Das ist richtig, aaaaaber ...‹«

Das wilde Pferd zähmen

Wenn Khalid spricht, dann überrascht er gerne mit außergewöhnlichen Sprachbildern. Alles Abstrakte verliere dadurch seine Abstraktheit, findet er. Auch die deutsche Sprache. Die sei für ihn wie ein wildes Pferd. Anfangs galoppiert es so schnell, dass einem die Spucke wegbleibt. Und auch wenn es zur Ruhe kommt, leise Töne anschlägt, kann es passieren, dass es wie aus dem

Nichts ausschlägt, wild loswiehert und den unerfahrenen Reiter abwirft. Es dauert, bis Vertrauen zwischen Pferd und Reiter entsteht. Manche geben auf, pfeifen aufs Pferd und versuchen, mit einem Maulesel durchs Leben zu kommen. Sie lernen die allernötigsten Vokabeln, um sich irgendwie verständlich zu machen. Fehler nehmen sie in Kauf, im Privaten ziehen sie sich in ihre Muttersprache zurück. Enge Freundschaften zu Deutschen scheitern deshalb oft an mangelnden Sprachkenntnissen, denn die Zunge ist die Übersetzerin des Herzens, wie ein arabisches Sprichwort besagt.

Doch Khalid begreift das Sprachenlernen als Prozess, in dem man sich stetig verbessert. Die Sprache ist für ihn nicht nur ein Mittel zum Zweck, sondern der Türöffner schlechthin. Khalid wollte das unbekannte, wilde Pferd zähmen – und versuchte es Tag für Tag, Monat für Monat.

Mittlerweile hat sich Khalid einen Zugang zum wilden Pferd verschafft, es lässt sich striegeln, ohne auszuschlagen, an einigen Tagen darf er ihm auch einen Sattel auflegen. Und an manchen Tagen reitet er sogar auf ihm, dann genießt er die neuen Eindrücke um ihn herum, die fremden Landschaften, die an ihm vorbeifliegen, die gute Sicht hoch oben vom Rücken des Pferdes.

Solche Erfolgserlebnisse hat Khalid zum Beispiel dann, wenn er Nachrichten im Radio hört und merkt, wie viel er schon versteht. Selbst wenn es um komplexe Themen wie den Atomausstieg oder das Dieselverbot geht, kann er dem Großteil der Nachrichten folgen. Dann überkommt ihn ein Gefühl der Erleichterung. Auch wenn er sprachliche Bilder aus dem Arabischen ins Deutsche übersetzt und sein Gegenüber von der Bildhaftigkeit seiner Sprache schwärmt – dann hat er das Gefühl, auf dem richtigen Weg zu sein. Ja, sogar der deutschen Sprache neue Impulse geben zu können.

Da auch die arabische Grammatik ein System voller Regeln ist, fällt es ihm leicht, die Regeln der deutschen Sprache zu befolgen: So akzeptiert er, dass das Verb immer auf Position zwei steht und sowieso kein Satz ohne Verb auskommt – anders als im Arabischen. Besonders freut er sich allerdings, wenn er Gemeinsamkeiten entdeckt. Beide Sprachen greifen oft auf Genitivverbindungen zurück: So sagt man im Arabischen auch »das Land des Papiers« *(balad al-awrak)* oder der »Himmel der Heimat« *(sama al-watan)*. Zwar klingt das im Deutschen etwas altmodisch, aber falsch ist es nicht; deshalb überwiegt die Freude am vermeintlich Ähnlichen. An die langen zusammengesetzten Wörter, die ihm anfangs die Zunge verknoteten, gewöhnte er sich, nachdem er sich einen gewissen Wortschatz angeeignet hatte.

Was Khalid an der deutschen Sprache besonders schätzt: Dass sie nicht so reformscheu ist wie das Hocharabisch. Die deutsche Sprache sei lebendig, findet er. Der Wortschatz ändere und erweitere sich ständig. Selbst vor dem Einzug der englischen Sprache fürchtet man sich nicht. Vielen Muslimen dagegen gilt die Sprache des Korans als heiliger Gral, der nicht angetastet werden darf – darauf spielt Khalid an. Doch auch das Hocharabische hat Modernisierungen erfahren; in den meisten arabischen Nachrichtensendungen spricht man eine modernisierte Version des klassischen Hocharabisch, das »Modern Standard Arabic« (MSA). Wörter wie »Firma« oder »Demokratie« sind Bestandteil des modernen Wortschatzes.

Abgesehen davon gibt es viele verschiedene regionale Dialekte des Arabischen, die Menschen in Kairo, Beirut oder Rabat sprechen und die sehr lebendig sind. Vor allem das ägyptische Arabisch hat sich durch die sehr lebendige Film- und Musikindustrie im gesamten arabischen Raum verbreitet. In der Literatur spielen Dialekte allerdings eine eher untergeordnete Rolle. Hier dominiert weiterhin die Lingua franca des klassischen oder modernen Hocharabisch.

Fast 300 Millionen Menschen auf der Welt sprechen Arabisch als Muttersprache, für weitere fast 250 Millionen Menschen ist sie die Zweitsprache. Damit liegt das Arabische an fünfter Stelle der meistgesprochenen Sprachen der Welt. Arabisch hat in 28 Ländern der Welt den Status einer Amtssprache, zudem ist es neben Englisch, Französisch, Spanisch, Chinesisch und Russisch eine der sechs Amtssprachen der Vereinten Nationen und gehört zu den am häufigsten verwendeten Sprachen im Internet.

Sprachliche Überlebensstrategien

Wenn Khalid in der U-Bahn sitzt, bemerkt er häufig die musternden Blicke seiner Mitfahrenden: sein schwarzer Vollbart, sein orientalisches Aussehen, sein schwarzer Rucksack – in Berlin keine Seltenheit und dennoch für viele offenbar ein Grund, ihn im Auge zu behalten. Das Mitdenken seiner Erscheinung ist für Khalid etwas komplett Neues. »Ich bin mir bewusst, dass die meisten Deutschen kein gutes Bild von uns Arabern haben, und deshalb versuche ich, möglichst freundlich zu wirken – trotz meines langen Barts«, sagt Khalid ein wenig spöttisch.

Der Weg zum Jobcenter fiel Khalid anfangs nicht leicht. Das Berliner U-Bahn-Netz war nur eine der vielen Schwierigkeiten. Vor allem aber war es für ihn ungewohnt, Hilfe anzunehmen. Wenn er auf dem Weg zum Jobcenter war, vermied er es deshalb, in der U-Bahn das Wort »Jobcenter« in den Mund zu nehmen. Er wusste, welche Assoziationskette das in den Köpfen seiner Mitfahrer auslösen würde: abhängiger Flüchtling, der unsere Sozialsysteme ausnutzt und uns zur Last fällt. Doch Khalid will den

Menschen keine Gelegenheit bieten, sich in ihren Vorurteilen bestätigt zu sehen.

Und nicht nur er fühlte sich in dieser Situation unwohl. Deshalb haben die hiesigen Syrer fantasievolle Ersatzwörter entwickelt: Statt Jobcenter sagen sie »Abu Dschaber« – in Anlehnung an die alte arabische Legende von Dschaber Atharat Alkiram, einem großzügigen Mann, der anderen Menschen in Schwierigkeiten half – und zwar ohne viel Aufhebens darum zu machen. So hat es die Geschichte aus dem Syrien des 7. Jahrhunderts in das Deutschland des 21. Jahrhunderts geschafft.

Es gibt noch andere Alternativen zum Wort »Jobcenter« – offenbar ist das von Stadt zu Stadt unterschiedlich. Im Westen Deutschlands kürzen Syrer den Begriff einfach ab und sagen »Das Job«. Andere wiederum übersetzen »Jobcenter« einfach auf Arabisch und sprechen deshalb vom »Arbeitszentrum«. Im Osten sprechen junge Syrer von »Abu Zaatar« (»Vater von Zaatar«). Zaatar ist eine beliebte orientalische Gewürzmischung mit Thymian, die sich in der Levante in jedem Haushalt findet und gerne als Dip mit Brot gegessen wird. Es gilt als Essen für Arme und Bedürftige – und eignet sich nach Ansicht einiger Neuankömmlinge deshalb bestens als Ersatzwort für »Jobcenter«.

Kulturelle Missverständnisse

Noch immer gibt es Momente, in denen Khalid die Signale des Pferdes nicht deuten kann. Immer dann, wenn es auf einmal vor einem nicht erkennbaren Hindernis scheut und einfach umkehrt. Dann fragt er sich: »Warum, in Gottes Welt? Was passiert hier gerade?«

So etwas kommt vor, wenn Khalid mit einer neuen deutschen Redewendung konfrontiert wird. Einmal ging er mit seinem Freund in Berlin spazieren – sie liefen gerade an der East Side Gallery vorbei –, als er auf einige Bekannte traf, die ihn auf Arabisch grüßten und ihm die Hände schüttelten. Khalid war sich nicht sicher, woher er sie kannte, vielleicht nur vom Sehen, von Demos oder auch aus arabischen Kaffeehäusern, doch er grüßte freundlich zurück. In der Fremde gilt nun einmal das Motto: Yala, Syrer ist Syrer. Sein deutscher Freund wunderte sich und bemerkte: »Du bist ja bekannt wie ein bunter Hund.« Khalid blieb abrupt stehen. »Hund?«, fragte er irritiert. »Ich? Willst du mich beleidigen?«

Was Khalids Freund offenbar nicht wusste: Im Arabischen eignen sich Tiere bestens als Schimpfwörter. Der Hund ist nur eines davon, wenn auch ein sehr beliebtes. Überhaupt sind Haustiere in der arabischen Welt nicht so verbreitet wie hierzulande, da viele die islamischen Reinheitsgebote gefährdet sehen. So muss etwa die Gebetswaschung der Muslime wiederholt werden, wenn die Schnauze eines Hundes an die Kleidung gekommen ist. Der Speichel des Tieres gilt als unrein.

Menschen, die in der Kunst des Beschimpfens besonders fortgeschritten sind, kreuzen gar Tierarten miteinander und beschmutzen damit auch gleich den Stammbaum des Gegenübers, etwa so: »Du Sohn einer Eselin, die sich mal mit einem Hund gepaart hat.« Das ist obere Liga. Araber legen großen Wert auf ihre Abstammungslinie. Mütter und Väter erhalten nach der Geburt ihrer Kinder den Beinamen *umm* (Mutter) oder *abu* (Vater), genauso wie der Sohn *(ibn/bin)* oder die Tochter *(bint)* nach ihren Eltern benannt werden können. Wenn der Vater Mohammed heißt, könnte man den Sohn also »Ibn Mohammed« rufen. Am arabischen Golf gibt es deshalb ellenlange Herrschernamen wie etwa: Mohammed bin Salman bin Abd al-Aziz Al Saud, also: Mohammed, der Sohn von Salman, der Sohn von Abd al-Aziz al-Saud.

Aber nun zurück zu Khalid und seinem Freund. Khalid war erleichtert, als dieser ihm die Redewendung erklärte, und im Nachhinein fand er sie sogar ganz nett. Doch er riet ihm trotzdem: »Sag das lieber nicht zu Arabern. Das ist eine ziemlich üble Beleidigung.«

Immer wieder erleben Flüchtlinge sprachliche Missverständnisse. Syrische Bekannte in Düsseldorf erzählten von einem besonders lustigen Vorkommnis. Als sie einmal alle zusammen in der Bahn saßen, tönte es von hinten: »Fahrkarten, bitte!« Die Eltern sprachen noch nicht so gut deutsch wie die beiden Töchter, die bereits in die Schule gingen. Da eine Tochter bei jeder sich bietenden Gelegenheit ein neu erlerntes deutsches Wort herausposaunte, rief sie aufgeregt: »Schaffner, Schaffner!« Ihre Eltern blickten sie voller Panik an: »Was meinst du? Wir haben doch ein Ticket!« Der Vater kramte bereits hektisch in der Jackentasche, als das Mädchen anfing zu lachen. »Nein, nein, nicht shafna (»Er hat uns gesehen«), sondern Schaffner – so nennt man den Kontrolleur auf Deutsch.« Etwas Gutes hatte die ganze Aufregung, erzählte der Vater, der sich mit dem Erlernen der deutschen Sprache besonders schwer tut: Das Wort »Schaffner« hat sich in sein Gedächtnis eingebrannt.

Sogar Komplimente können zu Missverständnissen führen. Wenn ein arabischer Mann eine schöne Frau sieht, dann sagt er zu ihr: »Dein Gesicht ist so schön wie der Mond!« Mit »Mondgesicht« tituliert zu werden ist hierzulande nicht gerade schmeichelhaft, man denkt an »Punkt, Punkt, Komma, Strich ...«. Doch in der arabischen Welt ist der Vergleich mit dem Mond ein Kompliment für ein strahlendes, schönes Gesicht.

Eine befreundete Deutschlehrerin mit marokkanischen Wurzeln erzählte mir von Missverständnissen, die sie während ihrer Arbeit erlebt hatte. Ihre Kollegin lobte einmal einen jungen Syrer, dessen Schriftbild sich in den letzten Wochen stetig verbessert hatte. Der junge Mann strahlte, er freute sich über das Lob und antwortete: »Weil deine Augen schön sind.« Dies ist eine demütige Höflichkeitsfloskel im Arabischen, die den eigenen Verdienst herunterspielen möchte – und auf keinen Fall eine Anzüglichkeit. Die Deutschlehrerin aber reagierte gereizt und entgegnete so laut, dass alle Umstehenden es mithörten: »Was haben meine Augen damit zu tun? Was soll das jetzt?« Da musste die arabischsprachige Kollegin einspringen und ihre Kollegin aufklären.

Tatsächlich geben die Augen immer wieder Anlass für kulturelle Missverständnisse. Im Arabischen gelten sie als Schönheitsmerkmal schlechthin und tauchen dementsprechend häufig auf – in Komplimenten, Höflichkeitsfloskeln oder Wertschätzungsbekundungen. Im Deutschen kann man natürlich auch von den schönen Augen der Geliebten schwärmen. Wenn aber jemand sagt »Ich habe/behalte dich im Auge«, heißt das so viel wie »Ich vertraue dir nicht, ich beobachte dich«. Im Arabischen gibt es eine ähnliche Redewendung. Hier meint »Ich nehme dich ins Auge« allerdings, dass man für den Menschen alles tun würde, da dieser so wertvoll sei wie die eigenen Augen. Araber tippen dann meistens einmal auf das rechte, einmal auf das linke Auge, während die Deutschen Zeige- und Mittelfinger erst auf die eigenen Augen, dann auf die des Gegenübers richten.

Nicht zuletzt stellt die Aussprache eine Hürde dar: Arabern fällt es sehr schwer, die deutschen Umlaute auszusprechen. Einmal saß Lina, die wir im folgenden Kapitel kennenlernen werden, mit einer Bekannten zusammen und wollte ihr versichern, dass sie ihr zuhöre. Doch sie sagte: »Ich hure.« Den schockierten Blick ihrer Bekannten hat Lina bis heute nicht vergessen. Seitdem gibt sie sich beim Aussprechen der Umlaute sehr viel mehr Mühe als vorher.

Deutsche Diskutierfreude

Je eingehender sich Khalid mit der deutschen Sprache beschäftigte, desto größere Unterschiede erkannte er zur arabischen Sprache – und desto mehr lernte er über die deutsche Kultur und über seine eigene. Vor allem die deutsche Debattierkunst hat es ihm angetan. »Darin habe ich mich wirklich ein wenig verliebt«, schwärmt er. Denn in der arabischen Kultur fehle häufig das Kritisieren und Debattieren. Das zeigt sich schon daran, dass das arabische Wort für »diskutieren« eine negative Konnotation hat. Ein Mensch, der viel diskutiert, gilt als anstrengend und aufrührerisch. Nicht etwa als interessant und vielseitig. Häufig macht man sich auch über so einen Menschen lustig und sagt: »Hör auf zu philosophieren.«

Zwar gibt es auch in der arabischsprachigen Welt Talkshows und Debattenrunden, aber sie laufen – nun ja – etwas anders ab. Der jordanische Journalist Sameh al-Mahariq sagte einmal: »Solange man nicht über den König, das Militär, Religion oder Sex schreibt, kann man über alles berichten, was man will.«[2] Die Tabus in der arabischen Welt sind mannigfaltig – eine freie Diskussionskultur ist deshalb praktisch unmöglich. Stattdessen spricht man über unverfängliche Themen wie die Liebe oder Alltagsprobleme. Religiöse Call-in-Sendungen über treulose Ehemänner oder intrigante Schwiegertöchter sind sehr erfolgreich. Genauso wie Kochshows, in denen Weinblätter gerollt und Auberginen frittiert werden. Auch über die neuesten Filme und Serien wird in vielen Talkshows ausführlich gesprochen. Doch andere Themen werden – wenn überhaupt – nur an der Oberfläche behandelt. Sonst kann es sehr schnell für alle Beteiligten gefährlich werden.

Vor einiger Zeit wurde etwa bei der Straßenumfrage eines ägyptischen Fernsehsenders ein Tuktuk-Fahrer namens Mustafa gebeten, über seine Alltagsprobleme zu sprechen. Daraufhin beschwerte sich der Mann leidenschaftlich über die schwierigen Lebensumstände und analysierte die politische Lage im Land wohl für viele so treffend, dass er eine Internetberühmtheit wurde. Sein dreiminütiger Auftritt wurde mehrere Millionen Mal geklickt. Kurz darauf tauchte Mustafa unter – angeblich wegen des Medienrummels. Viele Ägypter vermuteten allerdings, dass er um sein Leben fürchtete, weil er es gewagt hatte, die Regierenden für ihre Unfähigkeit zu kritisieren. Das staatsnahe ägyptische Fernsehen sah sich deshalb gezwungen, den Mann zu Hause zu besuchen, wo er vor der Kamera mehrmals beteuerte, es gehe ihm gut und niemand wolle ihm Böses.

Die arabische Talkshow »Shabab Talk« des Auslandssenders Deutsche Welle (DW) kann man in diesem Fall als Ausnahme bezeichnen. Die arabischsprachige Redaktion sendet aus dem Studio in Berlin, weshalb die Macher Themen wie Atheismus, Homosexualität oder sexuelle Belästigung behandeln können. Themen, die in der arabischen Welt auf meist staatsnahen oder konservativen Sendern keine Rolle spielen (dürfen). Wenn »Shabab Talk« allerdings den sicheren Meinungshafen Berlins verlässt und aus der arabischen Welt sendet, kommt es dort regelmäßig zu Auseinandersetzungen über die kontroverse Themenwahl.

Diese eingeschränkte Meinungsfreiheit hat viele Araber jahrzehntelang geprägt. Um Konflikte zu vermeiden, bevorzugen Araber deshalb einen indirekten Kommunikationsstil. Die Möglichkeit, sich in Deutschland sprachlich frei auszudrücken, ist für viele Neuankömmlinge eine ganz neue Erfahrung. An einigen Signalwörtern lässt sich der Einfluss von politisch-gesellschaftlichen Gegebenheiten auf die Sprache besonders gut zeigen.

Der Nein-Komplex

Es sei faszinierend, wie häufig Deutsche am Tag »Nein« sagen, findet Khalid. Im Arabischen drücke man sich sehr gerne davor. Natürlich gibt es das Wort »Nein« *(la)*, doch seine Verwendung ist nicht immer empfehlenswert. Zum einen aus Gründen der Höflichkeit, zum anderen, weil man Autoritäten besser nicht infrage stellen sollte. Mit einem klaren »Nein« würde man sein Gegenüber in der arabischen Welt vor den Kopf stoßen. Es gilt deshalb als höflicher, sein Gegenüber hinzuhalten, als ihm ein »Nein« entgegenzuschmettern. Um eine Absage herauszuhören, muss man als Nicht-Araber zwischen den Zeilen lesen können. So gibt es etliche sprachliche Alternativen zum »Nein« und ausgeklügelte Absagestrategien. Am beliebtesten ist *inschallah* (»so Gott will«) – damit legt man alles in Gottes Hände und stiehlt sich somit aus der Verantwortung. Auch ein »vielleicht« *(momken)* hilft dabei, das Nein zu umgehen.

Im arabischen Raum kann man dem autoritären politischen System, der Religion, der Gesellschaft oft kein »Nein« entgegensetzen. Wenn überhaupt, dann funktioniert das »Nein« in der arabischen Sprache nur von oben nach unten: Eine Mutter, die zu ihrem Kind »Nein« sagt – das ist okay. Ein Lehrer zu seinem Schüler – auch okay. Ein Scheich zu einem Gläubigen – sowieso. Ein Polizist, ein Offizier, ein Politiker zu einfachen Bürgern – aber selbstverständlich. Doch in die andere Richtung funktioniert das »Nein« einfach nicht. Es wirkt nicht nur unhöflich und respektlos, sondern kann auch unangenehme Folgen für den wagemutigen Nein-Sager haben wie Verfolgung oder Bestrafung bis hin zur Gefängnisstrafe. »In Deutschland gibt es Gesetze, die einem das Neinsagen erleichtern«, sagt Khalid. Das sei der größte Unterschied zu Syrien. Dort herrsche Willkür. »In Syrien hat der

Mensch an sich keinen Wert, sondern nur bestimmte, herausgehobene Persönlichkeiten.« In Deutschland dagegen schützt das Gesetz jeden Menschen vor Willkür und Übergriffen. Das sei für ihn eine ganz neue Erfahrung gewesen, dass Autoritäten, die in der arabischen Welt als unantastbar gelten wie die Eltern, der Imam der Moschee oder der Lehrer, zur Rechenschaft gezogen werden können. Dass der deutsche Rechtsstaat ihnen ein »Nein« entgegenschmettern kann.

Gleichwohl überfordert viele Neuankömmlinge die deutsche Direktheit: »Nein heißt Nein«, und damit ist die Sache erledigt. Zwar gibt es auch im Deutschen die Möglichkeit, etwas »durch die Blume« zu sagen, doch dafür nimmt man sich im Alltag selten Zeit. Araber hingegen drücken sich bevorzugt unklar und vage aus. Sie sind es gewohnt, unangenehme Situationen und verbale Zusammenstöße zu vermeiden, sie winden sich, um möglichst eine Konfrontation zu vermeiden und das Gesicht zu wahren. Dadurch verzögern sich Kommunikationsprozesse, was dem deutschen Streben nach Effizienz und Produktivität zuwiderläuft. Was Araber als Höflichkeit ansehen, ist für Deutsche Zeitverschwendung.

Könnte Khalid deutsche Spracheigenschaften ins Arabische importieren, dann wären das die Direktheit und die Genauigkeit. Kaum etwas ist ungenauer als arabische Zeitangaben. Wenn ein Araber behauptet, er sei in zwei Minuten da, dann ahnt man bereits, dass er noch im Pyjama ist und erst in zwei Minuten anfängt, sich anzuziehen.

Doch zurück zum Nein: In Deutschland gibt es sogar Ratgeber, die Menschen helfen, Grenzen zu setzen, mehr an sich zu denken, nicht immer anderen Menschen alles recht machen zu wollen, öfter »Nein« zu sagen. Ein gesunder Egoismus gilt hier als erstrebenswert. Nicht so in der arabischen Welt. So ein Buch wäre dort sicher ein Verkaufsschlager, falls es vorher nicht der Zensurbehörde in die Hände fiele. Diese würde das Buch wohl als »Aufruf zum zivilen Ungehorsam« werten und in der Schreibtischschublade verschwinden lassen.

Auch Lina Aftah, die wir im folgenden Kapitel genauer kennenlernen werden, erzählte, dass sie das Neinsagen erst in Deutschland gelernt hätte. Geholfen hätten ihr dabei die lästigen Anrufe ihres Stromanbieters, der ihr alle paar Monate einen teureren Tarif andrehen wollte. »Ich habe in Deutschland so oft ›Nein‹ gesagt wie noch nie in meinem Leben«, sagte Lina lachend. »Denn ich weiß: Hier kann ein falsches Ja ganz schnell teuer werden.«

Die Ja-Sager

Da es in weiten Teilen der arabischen Welt lebensgefährlich sein kann, »Nein« zu sagen, gibt es dort besonders viele Ja-Sager – und etliche Synonyme wie *na'am, awamer, tayyib, hader, mashi* oder *ala rasy,* was so viel bedeutet wie »auf meinem Kopf«. Gemeint ist: Diese Sache hat oberste Priorität und man trägt die Verantwortung praktisch auf dem Kopf. Und um mal wieder die Augen ins Spiel zu bringen: »Von meinen Augen« *(min inaya)* bedeutet, dass man etwas sehr gerne macht. Doch damit kein Missverständnis aufkommt: Einem arabischen Ja folgen nicht immer Taten.

Das »Ja« erscheint häufig in Kombination mit einem akademischen Titel oder einer Berufsbezeichnung: »Ja, mein Herr« *(hader ya sidi)* oder »Ja, Frau Doktor« *(hader ya doktora)* oder »Ja, Frau Lehrerin« *(hader ya ostaza).* Araber sind wie die Österreicher titelvernarrt. Das liegt vor allem an den teils sehr starken Klassenunterschieden in der arabischen Gesellschaft. Die Aufspaltung in Gebildete und Ungebildete zeigt sich im Alltag auch anhand der

Sprache. Ein Beispiel: In der arabischen Welt gibt es in fast jedem Wohnhaus einen *bawab*, eine Mischung aus Hausmeister, Sittenwächter und Rundum-Dienstleister – er bewacht das Haus und sorgt dafür, dass es moralisch und hygienisch sauber bleibt. Er sitzt oftmals Tag und Nacht vor dem Haus, kennt jeden Mieter, weiß wer ein- und ausgeht (Frauenbesuch kostet häufig extra Backschisch), er parkt die Autos der Bewohner, bringt ihnen die Tageszeitung, putzt das Treppenhaus, begleitet Klempner und Elektriker in die Wohnung – er ist die gute Seele des Hauses, aber für viele auch einfach nur ein Laufbursche. Sein gesellschaftliches Ansehen ist eher gering: Er wohnt im Erdgeschoss mit seiner Familie in ärmlichen Verhältnissen und ist auf das Wohlwollen seiner Dienstherren angewiesen. Sein Wortschatz ist geprägt vom Jasagen, gespickt mit akademischen Titeln seiner Bewohner.

Das »Ja« hat deshalb oft den Beigeschmack von vorauseilendem Gehorsam und Unterwürfigkeit. Das Pendant dazu ist ein ausgeprägter Befehlston sowie der Imperativ, der im Arabischen sehr viel häufiger verwendet wird als im Deutschen, wie Khalid beobachtet. Hierzulande umgeht man den Imperativ, indem man sagt »Könntest du mir bitte das Buch reichen?« oder »Wärst du so nett, mir das Buch zu reichen?« Im Arabischen funktioniert der Imperativ ähnlich wie das Nein von oben nach unten. Ein Vater würde nicht unbedingt »bitte« oder »könntest du« sagen, wenn er seinen Sohn auffordern will, ihm ein Buch zu bringen. Das hat sehr viel mit der Tradition zu tun, die es oft schwer macht, Dinge infrage zu stellen. Ältere sind zu respektieren, Jüngere ziehen meistens den Kürzeren. Wenn außerdem der Raum für Fragen fehlt, dann ist der Raum für Befehle umso größer.

Die Gewohnheit, »Ja« zu sagen, führt generell dazu, dass Situationen nicht mehr hinterfragt werden. Lethargie und Passivität sind die Folge. Das »Ja« ist mit ein Grund dafür, dass Hierarchien und Diktaturen Bestand haben. In Syrien gibt es sogar einen eigenen Beruf für das professionelle Klatschen, erzählt Khalid, und zwar den des Parlamentariers, weil dieser nur dazu da sei, der Regierung zu applaudieren. Das Parlament nennt man in Syrien deshalb (natürlich hinter vorgehaltener Hand) das »Applaus-Haus«. Die Bezeichnung kam im März 2011 zu Beginn der syrischen Revolution auf. Man traute sich nach Jahrzehnten des verordneten Schweigens endlich, seine Meinung offen zu sagen. Parlamentsabgeordnete nennt man seitdem: »Megafone der Macht«.

Der ägyptische Satiriker Bassem Youssef, der nach dem Arabischen Frühling die wohl erfolgreichste politische Satiresendung »al-Barnameg« (»Das Programm«) in der arabischen Welt moderierte, musste fliehen, weil ihm Verfolgung durch die ägyptische Regierung drohte. Sein Vergehen? Er hat einfach zu selten »Ja« gesagt. Stattdessen hatte er Autoritäten infrage gestellt. In seiner Biografie »The Revolution for Dummies. Laughing through the Arab spring« beschreibt Bassem Youssef den Ja-Komplex vieler Araber wie folgt: »In einer Gesellschaft, die darauf programmiert ist, ›Ja, mein Herr‹ zu sagen, habe ich mich dem System widersetzt und ›Nein‹ gesagt. Ich habe es mit einem Grinsen, einem Zwinkern und einem Nicken gemacht – und das hat sie ganz schön angepisst.[3]« Und das Ergebnis? Er musste seine Heimat verlassen und versucht nun, in den USA an seinen Erfolg anzuknüpfen.

Aus diesem Grund wird Kindern das arabische Wort *hader* (»ja« im Sinne von »zu Diensten«) von klein auf beigebracht. Wenn Autoritären – Eltern, Lehrer oder Chefs – etwas fordern, ist Widerrede keine Option. Je mächtiger oder älter eine Person, als desto unfehlbarer gilt sie. Hierarchie und Respekt sind zwei Grundpfeiler, an denen es sich nicht zu rütteln lohnt. Die deutsche Redewendung »nach jemandes Pfeife tanzen« (willenlos alles tun, was jemand von einem verlangt) hat ein Pendant im Arabischen: »Nach der Trommel eines jeden Herrschers tanzen«.

Vielfältige Ausdrucksnuancen und Zwischentöne sind für eine Debattenkultur typisch – zwischen Ja und Nein, also zwischen Weiß und Schwarz, gibt es Schattierungen, Begriffe wie »Naja« oder »Jein«. Im Arabischen sind Relativierungen eher selten, findet Khalid.

Das zerstörerische Aber

Als Khalid sich einmal mit einem Deutschen über die AfD unterhielt – er hörte aufmerksam zu, nickte, weil er dessen Meinung teilte –, wurde er plötzlich aus dem gerade entstandenen Einvernehmen herausgerissen. Was war passiert? Das »Aber« hatte zugeschlagen. »Deutsche sind wahre Meister darin, dir kurzzeitig das Gefühl zu geben, mit dir einer Meinung zu sein«, sagt Khalid. Doch meistens folgt dann ein Wort, das alles zunichte macht. »Das ›Aber‹ macht einfach alles kaputt. Alles, was mein Gegenüber zuvor gesagt hat, hat keinerlei Gültigkeit mehr.« Er habe gelernt, dass die eigentliche Meinung seines deutschen Gegenübers immer nach dem »Aber« komme. Es dauerte aber eine Weile, bis Khalid diese Erkenntnis gewann. Oft reagierte er vorschnell, freute sich über das Einverständnis und reagierte dann umso entrüsteter, als das »Aber« folgte und sich das Gespräch in eine ganz andere Richtung entwickelte. Khalid spekuliert scherzend, dahinter stecke eine ausgeklügelte Strategie der Deutschen: Sie gaukelten einem nur vor, dass man auf einer Wellenlänge sei, damit man bis zum Ende zuhöre und positiv gestimmt sei – doch eigentlich schwimmen sie auf anderen Ozeanen.

Das »Aber« kennt hierzulande keine hierarchische Grenze und wird nicht als unhöflich gewertet, wenn man seinem Gegenüber damit widerspricht. Man gerät schlimmstenfalls in Verdacht, ein Besserwisser zu sein, der seine Meinung immer als die richtigere ansieht.

Das arabische »Aber« *(laken)* hingegen wird eher selten benutzt. In Gesellschaften, die seit Jahrzehnten autoritär regiert werden, sind Widerworte (genauso wie Nachfragen) nicht gerne gesehen. Eltern erziehen ihre Kinder dementsprechend anders. Sie wollen, dass ihre Sprösslinge in dem restriktiven System, in dem sie nun mal leben, erfolgreich sind und möglichst unbeschadet durchs Leben gehen. Deshalb regen sie diese nicht dazu an, die bestehende Ordnung zu hinterfragen. Im Arabischen gibt es die Formulierung »neben der Wand gehen«, also sich möglichst unauffällig verhalten, um keiner wichtigen Person in die Quere zu kommen und Probleme zu vermeiden.

In Deutschland liegen die Dinge – *alhamdulillah* (Gott sei Dank) – anders. Die Demokratie lässt Diskussionen zu, begrüßt sie sogar. In einer Gesellschaft, in der Meinungs- und Redefreiheit herrschen, spricht man eben auch anders. Deshalb sieht Khalid auch viele Vorteile im »Aber«, denn es zeigt, dass die meisten Themen immer aus zwei oder mehr Blickwinkeln betrachtet werden können. Bereits in der Schule lernen die Kinder in Erörterungen, Themen aus unterschiedlichen Perspektiven zu betrachten. Das »Aber« hat deshalb auf jeden Fall seine Existenzberechtigung, muss Khalid zugeben, auch wenn es ihn manchmal nervt.

Die heilige Warum-Zeit

Als Khalid nach Deutschland kam, wunderte er sich über die Häufigkeit der Nachfragen. Auf einmal wurde alles hinterfragt. Ständig. Besonders häufig hörte er »Warum?« Dabei hatte Khaled das arabische *lesh?* (syrischer Dialekt) in den hintersten Sprachschubladen abgelegt, weder benutzte es in Syrien häufig, noch wurde ihm ständig diese Frage gestellt.

Wenn in der arabischen Welt ein Vater seinem Kind etwas erzählt, dann gehört es sich nicht, dass das Kind ihn anschließend fragt: »Und warum ist das so?« Die Antwort des Vaters würde mit ziemlicher Sicherheit lauten: »Dafür bist du nicht alt genug«, »Wenn du alt genug bist«, »Darum« oder »Das geht dich nichts an«. In Syrien werden Fragen häufig als lästig empfunden (wobei das natürlich auch vom Bildungsgrad der Eltern abhängt). »Bist du vom Geheimdienst, oder was ist los?«, wäre auch eine mögliche Antwort. Die Ohren und Augen des Geheimdienstes sind überall, wer zu viele Fragen stellte, machte sich verdächtig. Natürlich versuchen Erwachsene auch oft auszuweichen, wenn sie die Antworten nicht wissen oder sie das Thema für zu pikant halten.

Hinzu kommt, dass Araber nur ungern zugeben, etwas nicht zu wissen. Mir ist es schon etliche Male passiert, dass ich einen Passanten in einem arabischen Land nach dem Weg gefragt habe, und er mich – ohne sich jegliche Selbstzweifel anmerken zu lassen – in die entgegengesetzte Richtung schickte. Unwissen ist eine Form von Schwäche. Kennt man in Deutschland den Weg nicht, sagt man es einfach und der Fragende muss weiter nach einem Ortskundigeren suchen.

Umso schwieriger ist es für viele Geflüchtete, wenn sie anfangs so gut wie gar nichts wissen: sei es, wie sie einen Fahrkartenautomaten bedienen oder wie sie auf amtliche Briefe antworten. Auch Lina und Khalid kommen darauf zu sprechen. »Es ist für mich nicht leicht, dass ich ständig zugeben muss, etwas nicht zu wissen. Hier hat man erst einmal keine Ahnung von nichts«, sagt Lina. Sich in diese neue Position der Schwäche und Abhängigkeit einzufinden, ist vielen unangenehm, sie versuchen es zu überspielen. Sie sind es nicht gewohnt, alles zu hinterfragen – auch wenn ihr Kopf vor lauter Ungereimtheiten zu explodieren droht.

In Deutschland sei das Gegenteil der Fall, findet Khalid. Kindern wird sogar eine »Warum-Phase« eingeräumt. Neugierde und Wissenshunger werden belohnt, nicht bestraft – und erregen schon gar kein Misstrauen. Wenn deutsche Kinder in einem bestimmten Alter besonders viele Fragen stellen, fühlen sich die meisten Eltern dazu verpflichtet, pädagogisch wertvolle Antworten zu liefern. In seiner Schule in Syrien wäre man mit zu viel Fragerei, nun ja, etwas anders umgegangen, erzählt Khalid. »Wir haben dafür eine »*Asaya*-Phase«, sagt Khalid und lacht. In seiner Kindheit holten Lehrer nicht selten den Stock hervor, wenn Kinder zu viele (in ihren Augen nervige) Fragen stellten.

Die Sprache der Bilder

Ein syrisches Ehepaar aus Düsseldorf erzählte mir von seiner Flucht über das Mittelmeer – und sie verwendeten dabei ein Bild, das mich trotz der Tragik zum Lachen brachte. Sie beschrieben die bedrückende Enge auf dem Flüchtlingsboot: »Wir fühlten uns wie eng aneinander gerollte Weinblätter. Offenbar wussten die Schlepper, wie man anständige Weinblätter rollt, bloß nicht zu viel Abstand zwischen den einzelnen, sonst staut sich der Dampf im Topf nicht und der Reis wird nicht gar.«

Hätte Khalid einen Wunsch frei, würde er gern mehr Bilder wie diese ins Deutsche importieren. Er findet, der deutsche Sprachhorizont könne ruhig ein wenig erweitert werden, um das Deutsche anschaulicher und farbiger zu machen. »Sprichwörter sind das Licht der Rede«, sagt ein arabisches Sprichwort. Tatsächlich gilt das Arabische als Sprache der Metaphern und Allegorien – die Vorstellungskraft des Einzelnen wird ständig durch neue ungewöhnliche Bilder und Wendungen herausgefordert und erweitert. Araber kennen in fast allen Lebensbereichen Metaphern, die sich oft nur schwer in die deutsche Sprache übersetzen lassen, da der kulturelle Hintergrund ein anderer ist. Entweder man versteht die Bedeutung nicht oder das Bild verliert seinen Charme. Doppeldeutigkeiten, literarische Anspielungen oder Wortwitze gehen auf dem Übersetzungsweg verloren. Im Arabischen sagt man zum Beispiel »ich messe mal den Puls«, was so viel heißt wie »ich fühle mal nach«, »ich sondiere die Lage«. Oder: »Der Stamm des Mannes ist erstarkt«, was so viel bedeutet wie: »Er ist nun selbstständig und kann seine Probleme selbst lösen.« Wenn ein starker Wind bläst, bleibt er stehen.

Wer den Raum für Fantasie öffnen will, muss allerdings Zeit und Geduld mitbringen, um das Gesagte zu deuten. Der deutschen Sprache fehle das »den Gedanken Nachhängen« – und auch das »Schmachten«, findet Khalid. Stattdessen heiße es ständig »machen, machen, machen«. Die Produktivität sei eine Art Ersatzreligion, während das Verweilen als »Nichtstun« abgewertet werde – und das schlage sich in der Sprache natürlich nieder, findet Khalid. Deshalb sagt man im Deutschen klar, was Sache ist. Man argumentiert eher logisch als emotional, verwendet präzise Fachbegriffe statt schöne Bilder. Somit sei die Sprache zwar funktionell, habe aber zu viel Scheu vor Bildern und Emotionen, findet Khalid. Die arabische Sprache hingegen weite die Sinne und mache nicht halt an den Grenzen des Vorstellbaren, sondern überschreite sie – ständig.

Und das hat auch einen Grund, glaubt Khalid. Dieser Hang, alles ausschmücken und verschnörkeln zu wollen, hängt seiner Meinung nach mit der Umgebung zusammen, in der die arabischen Erzähler einst ihre Geschichten erzählten. Die Wüste habe die arabische Kultur immens geprägt – und der arabischen Sprache Weite verliehen. Sie lud die Menschen ein, zu verweilen und die Gedanken fliegen zu lassen. »Was soll man in der Wüste auch großartig anderes machen? Na klar, man denkt an seine Geliebte«, sagt Khalid und lacht. »Damals waren die Beduinen umgeben von Zelten und Sand, mehr war da nicht. Wenn sie sich also Geschichten erzählen wollten, flüchteten sie in ihre grenzenlose Fantasie, in ein Labyrinth aus Worten. Niemand hätte ihnen zugehört, wenn sie nur über das Sichtbare erzählt hätten. Das wäre ja total langweilig gewesen.«

Khalid spielt darauf an, dass die Beduinen – bedingt durch das Leben in der Wüste – keine Skulpturen oder Statuen schaffen konnten wie etwa die Römer oder Griechen. Ihre Kunst konzentrierte sich auf die Sprache, die ihnen auch in der kargen Umgebung zur Verfügung stand. Kaum eine Kultur maß dem Wort eine solche Bedeutung zu wie die Araber.

Dabei prägten ihre direkten Eindrücke – die Wüste, die Tiere, die Lebensumstände – ihre Dichtung ganz entscheidend und erwiesen sich als außerordentlich produktiv. Goethe, der unter anderem ein Gedicht des vorislamischen Dichters Imru al-Qais aus dem Englischen ins Deutsche übertrug, schrieb in seinem »West-östlichen Divan«:

»Alles, was der Mensch natürlich frey ausspricht, sind Lebensbezüge; nun ist der Araber mit Kamel und Pferd so innig verwandt als Leib mit Seele, ihm kann nichts begegnen, was nicht auch diese Geschöpfe zugleich ergriffe und ihr Wesen und Wirken mit dem seinigen lebendig verbände. Denkt man zu den obengenannten noch andere Haus- und wilde Thiere hinzu, die dem frey umherziehenden Beduinen oft genug vors Auge kommen, so wird man auch diese in allen Lebensbeziehungen antreffen. Schreitet man nun so fort und beachtet alles übrige Sichtbare: Berg und Wüste, Felsen und Ebene, Bäume, Kräuter, Blumen, Fluß und Meer und das vielgestirnte Firmament, so findet man daß dem Orientalen bey allem alles einfällt, so daß er, übers Kreuz das Fernste zu verknüpfen gewohnt, durch die geringste Buchstaben- und Silbenbiegung Widersprechendes auseinander herzuleiten kein Bedenken trägt.«[4]

Die Literaturwissenschaftlerin Katharina Mommsen erklärte sich Goethes Begeisterung für die arabische Beduinenlyrik wie folgt: »Die Ursprünglichkeit ihrer Poesiebegabung, ihres Sprachgefühls und Phantasiereichtums erregte seine Sympathie. Mit einer oft zur Bewunderung gesteigerten Aufmerksamkeit nahm er in arabischer Dichtung Naturverbundenheit, Passioniertheit, Temperament, Geist und Witz wahr, hingebungsvolle Liebe, Wohltätigkeit, überschwengliche Gastfreundschaft und Freigebigkeit und so widersprüchliche Eigentümlichkeiten wie strenge Religiosität einerseits und freidenkerische Verwegenheit andererseits, oder Aufschneiderei, Prahlerei, Unmutsbekundungen einerseits und auf der anderen Seite staatsmännische Klugheit, gelassenes Altersdenken, Sprichwort-Weisheit, Schicksalsergebenheit.«[5]

Goethe hatte erkannt, dass die Wüste und das Leben der Beduinen von großer Bedeutung für die Sprache gewesen waren. Ihre Konzentration auf das Wesentliche, Lebensnotwendige führte zu einer enormen Differenziertheit der Wahrnehmung und machte die arabische Sprache so reich an Bildern, Nuancen und Synonymen. So gibt es im klassischen Arabisch mehrere hundert Wörter für die Liebe, das Kamel oder den Löwen. Betrachtet man zum Beispiel das Wort »Freund« im Arabischen, wird einem eindrücklich vor Augen geführt, dass diese Sprache offenbar für jede Nuance von Freundschaft ein eigenes Wort hat: *Nadim* ist ein Freund, mit dem man gerne einen trinken geht; mit *samir* kann man sich in den Abend- oder Nachtstunden stundenlang unterhalten. *Rafik* ist ein guter Begleiter auf Reisen, was auch dieses Sprichwort bezeugt: *Al-Rafik abl al-tarik* (»Finde den Begleiter vor der Reise«). *Anes* nennt man einen vertrauten Freund, *karin* einen ebenbürtigen Freund, der einem für immer verbunden ist, *safwa* ist ein aufrichtiger Freund, *khalil* der Busenfreund und *tirb* ist genauso alt wie man selbst. *Dschales* ist ein Freund, mit dem man gerne zusammensitzt – und das sind nur einige Bezeichnungen, die die unterschiedlichen Facetten der Freundschaft benennen.

Folgende beliebte Sprichwörter zeugen von der Bildhaftigkeit der arabischen Sprache und ihrer Verbundenheit mit der Natur:

إذا كان حبيبك عسل لا تلحسه كله

»Wenn dein Schatz wie Honig ist, dann schlecke ihn nicht komplett ab.«
Wenn ein geliebter Mensch dir jeden Wunsch von den Augen abliest, dann übertreibe es nicht – sonst fühlt er sich vielleicht irgendwann ausgenutzt.

جه يكحلها عماها

»Beim Versuch, das Auge mit Kajal zu umranden, machte er es blind.«
Bei dem Versuch, etwas zu verbessern, macht er alles nur noch schlimmer.

السر مثل الحمامة: عندما يغادر يدي، يطير

»Das Geheimnis ist wie die Taube, wenn es meine Hand verlässt, dann fliegt es davon.«
Ein Geheimnis, das ausgeplaudert wird, lässt sich nicht mehr zurücknehmen. Deshalb sollte man mit Bedacht wählen, ob und wem man das Geheimnis verrät.

اعمل خيراً وألقه في البحر

»Tu Gutes und wirf es ins Meer.«
Man soll Gutes tun, ohne danach etwas zu erwarten.

Die deutsche Stiefmutter

Für Khalid war es nur eine Frage der Zeit, bis er die deutsche Sprache beherrschte. Das tiefe Schwarz, das ihn empfing, als er zum ersten Mal das neue Zimmer betrat, habe ihn zwar übermannt – doch als seine Augen sich langsam an die Dunkelheit gewöhnten, habe er sich selbst motivieren können weiterzulernen. Man könne nicht von heute auf morgen Deutsch lernen, sondern müsse verstehen, dass es Phasen gibt, in denen man schneller vorankommt, und Phasen, in denen man langsamer vorankommt, sagt Khalid. »Man liest Goethe nicht in den ersten paar Jahren. Man fängt besser mit den Gebrüdern Grimm an und nach zehn Jahren widmet man sich dann Goethe.« Doch dass er es schaffen würde, davon war er von Anfang an überzeugt. Mittlerweile liegen auf seinem Nachttisch Bücher von Hermann Hesse, Karl May und die Märchen der Gebrüder Grimm. Eines Tages will er seinen Kindern auch deutsche Märchen vorlesen, die es im Arabischen nicht gibt.

Es war die Sprache, die ihm die Tür zu Land und Leuten öffnete, die ihm Einblick gewährte in das Denken seiner neuen Mitbürger. Trotzdem wird Arabisch immer seine Muttersprache bleiben. Khalid war gerade in Berlin, als seine Mutter im Sommer 2016 in Syrien verstarb. Er hatte sie vier Jahre lang nicht mehr gesehen. Sie zu verlieren, während er sich in der Fremde ein neues Leben aufbaute, traf ihn hart. Er konnte sich nicht verabschieden, nicht zur Beerdigung gehen. In solchen Phasen wünscht er sich in die Vergangenheit zurück, in die Geborgenheit seines Elternhauses, seiner Geschwister, seiner Heimatstadt. Er denkt jeden Tag an seine Mutter. Wenn er um sie trauert, dann schreibt er auf seinem Blog – in arabischer Sprache. »Deutschland ist wie eine Stiefmutter, aber eine von der gütigen Sorte. Doch Syrien bleibt immer meine Mutter«, sagt Khalid. Die emotionale Bindung zu seiner Muttersprache wird immer stärker sein – doch das heißt nicht, dass er nicht angekommen ist. »Die Stiefmutter kann zärtlich zu dir sein, aber sie wird dich trotzdem nicht wie einen Sohn behandeln. Denn wir wissen beide, dass ich nicht ihr leiblicher Sohn bin. Und das ist okay.«

LINA STEHT STILL
Wenn Heimweh das Ankommen verhindert

Lina lebt in der Vergangenheit; sie hat keine Vorstellung davon, wie ihre Zukunft in Deutschland aussehen wird. Ihre tiefempfundene Entwurzelung steht einem Ankommen im Weg. Wie viele andere Flüchtlinge leidet sie unter Heimweh und Einsamkeit. Das zeigt sich auch in ihrem Umgang mit der deutschen Sprache.

Für die 28-jährige Lina Atfah aus Syrien war das Auswandern nie eine Option. Als ihr Verlobter Osman einmal laut darüber nachdachte, fragte sie ihn wütend, ob er noch alle Tassen im Schrank habe. Sie hatte nie das Gefühl, dass sie ihr Glück woanders suchen müsse. Alles, was Lina ausmachte, fand sie in ihrer syrischen Heimatstadt. Salamiyya ist für aromatische Zwiebeln und die vielen Dichter und Dichterinnen bekannt, die von dort stammen. Lina Atfah ist eine von ihnen. Schon als Teenager schrieb sie gerne Gedichte – bis die Behörden sie wegen Gotteslästerung und Beleidigung des Staates von allen kulturellen Veranstaltungen ausschlossen. Nachdem sie an Demonstrationen gegen das Assad-Regime teilgenommen hatte, lud sie schließlich der Geheimdienst vor. Sie musste fliehen: Mit 25 Jahren reiste sie in den Libanon, beantragte das Visum von der deutschen Botschaft im Beirut und flog 2015 nach Deutschland. Ihr Mann Osman wartete dort bereits auf sie. Ihre Familie, darunter ihr Bruder, ihre Mutter und ihre Schwester, kamen einige Monate später über die Balkanroute nach. Nur ihr herzkranker Vater war noch in Syrien. Sie lebten in ständiger Sorge um ihn und versuchten, ihn so schnell wie möglich nachzuholen. Doch die Bürokratie brauchte ihre Zeit, sie mussten sich in Geduld üben.

Als sie im November 2015 nach Deutschland kommt, lehnt sie innerlich alles ab, ist ängstlich und voller Wut. In den ersten eineinhalb Monaten verlässt sie das Haus kein einziges Mal. Sie will nicht einmal einkaufen gehen. »Ich war so wütend, weil ich meine Welt verloren hatte. Auf einmal ist sie untergegangen, von einem Tag auf den anderen. Und jetzt soll ich bei Null anfangen?« Mit Mitte 20 wieder neu sprechen lernen zu müssen – der blanke Horror für Lina, die in ihrer Muttersprache so beeindruckend spricht, wie es nur Menschen können, die sich der Sprache verschrieben haben. Wenn Lina Heimweh hat, dann greift sie nach einem Stift. Nur dann entkommt sie ihren trüben Gedanken. Einige ihrer Gedichte wurden bereits ins Deutsche übersetzt.

Doch in ihrem Alltag überwiegt die Sprachlosigkeit. Sie hat das Gefühl, dass alles, was sie auf Deutsch sagen kann, belanglos und dumm ist. »Ich kann mit den Deutschen nur über ihre Haustiere oder ihre Kleidung sprechen; dabei habe ich existenzielle Fragen über die Freiheit, den Schmerz, die Liebe. Ich möchte wissen, warum sich Menschen immer noch bekriegen?«, sagt Lina und klingt verzweifelt. Auf der einen Seite diese Fülle an neuen Eindrücken, auf der anderen Seite das Unvermögen, diese zu teilen. Um das Erlebte zu verarbeiten, würde ihr jeder Therapeut raten: »Sprechen Sie darüber!« Doch Lina schafft es nicht, ihr fehlen schlicht und ergreifend die Worte – zumindest im Deutschen. In ihrer Muttersprache redet sie mehrere Stunden lang, ohne Punkt und Komma. Und nichts, was sie sagt, wirkt unüberlegt. Im Gegenteil: Jedes Wort scheint auserwählt, auserkoren, genau jetzt zum Einsatz zu kommen. Ihre beeindruckende Ausdrucksstärke lässt in kürzester Zeit Nähe zu.»Schau doch, du kommst gar nicht dazu, deine Fragen zu stellen, weil ich die ganze Zeit rede; ich habe 1000 Dinge, die ich sagen möchte. Und auf Deutsch sage ich gar nichts. Das macht einen irgendwann kaputt.«

Die Schwierigkeit, Vergangenes loszulassen

Viele Flüchtlinge erzählten mir von ihrer Unfähigkeit, sich auf das Hier und Jetzt zu konzentrieren. Vor allem Flüchtlinge, die auf eine Familienzusammenführung warten, scheitern am Ankommen. Jedes Mal, wenn ich mit erwachsenen Flüchtlingen sprach, zeigten sie mir Bilder von ihren Kindern, Kinder zeigten mir Fotos von ihren Eltern – allesamt leben sie an einem anderen Ort und in ihren Erinnerungen; fürs Hier und Jetzt haben sie kaum Gedanken übrig.»Jedes Skype-Telefonat führt mir vor Augen, wie einsam und verloren ich ohne Familie bin«, erzählte mir ein syrischer Familienvater in München, dessen Frau und Kinder in der Türkei auf ein Visum warten – seit zwei Jahren hat er sie nicht mehr gesehen.»Wenn ich nach unserem Gespräch allein im Zimmer bin, drehe ich fast durch. Ich habe keine Kraft, neben all dem seelischen Stress auch noch eine neue Sprache zu lernen«, erzählte er. Dazu könne er sich erst motivieren, wenn er seine Familie an seiner Seite hat, glaubt er.

So wie ihm geht es vielen Neuankömmlingen. Lina hat den Deutschkurs nicht bestanden, sie ist gerade dabei, ihn zu wiederholen. Dabei hatte sie ganz andere Ziele.»Ich träumte davon, die Verfassung meines Landes neu zu schreiben, und jetzt sitze ich im Deutschkurs und schreibe darüber, wie man Kleidung einkauft«, sagt sie.»Ich bin ja nicht einmal in der ersten Klasse. Ich bin ein Kind, das lernt, Wörter richtig auszusprechen.« Da sie zudem kaum Englisch spricht, fällt es ihr schwer, Bekanntschaften zu schließen. Wie soll sie so den Anforderungen genügen, die an sie gestellt werden: sich integrieren, einen Job finden?

Auch die Gedanken an ihren Vater hinderten sie lange am Ankommen. Lange hatte sie panische Angst, ihren Vater nicht wiederzusehen. »Der Abschied war wie ein Verkehrsunfall«, erinnert sie sich: kurz und plötzlich. »Ich habe es nicht geschafft, mich an seinem Gesicht, an seinen Augen satt zu sehen«, sagt Lina. Sie war so verzweifelt, dass sie ihren Mann Osman, der in Essen Physik studiert, ernsthaft fragte, ob es irgendetwas bringen würde, wenn sie auf die Straße liefe und schreie – würde sie dann Gehör finden? »Ich hätte nie gedacht, dass ich in einem Land wie Deutschland das Bedürfnis haben würde, jemandem die Hand zu küssen, damit mein Vater endlich nach Deutschland, zu uns, seiner Familie kann. Ich wollte eine *wasta*.« (Das ist jemand, der Connections hat, der für einen Fürsprache einlegen kann, also über ausreichend Vitamin B verfügt.) Obwohl ihr die Korruption und die Vetternwirtschaft in ihrer Heimat immer zuwider gewesen waren, wünschte sie sich diese nun zurück. Nur: In Deutschland kann man die Hände der Bürokratie (meistens) nicht küssen. »Es gibt Menschen, die sterben, weil das Prozedere hier ewig dauert«, sagt Lina heute.

Erst Ende 2017 kam die Erlösung: Ihr Vater erhielt das Visum für Deutschland – sie warteten zwei Jahre, zwei Jahre, in denen Lina über das Wort »ankommen« nur bitter lachen konnte. Als sie ihn am Flughafen Düsseldorf endlich wiedersah, brach sie in hysterisches Lachen aus. Videoaufnahmen von diesem Moment zeigen, wie sie mehrere Minuten lang komplett neben sich stand. Als ihre Eltern sich umarmten und küssten, ging sie immer wieder dazwischen und suchte die Nähe zu ihrem Vater. »Ein Lachen ohne jegliches Bewusstsein«, sagt Lina im Nachhinein.

In ihrem Gedicht »Am Rande der Rettung« hat sie ihre Schwierigkeiten mit dem Ankommen und ihr Unvermögen, Vergangenes loszulassen, beschrieben:

»Ich nahm Abschied von allen Lieben
 und umarmte zum letzen Mal die Seele des Ortes.
 Ich rührte die Augen meiner Freunde und meiner Familie zu Tränen
 und auch den Anblick des Hauses.
 Ich ordnete für mein Herz seine Dinge:
 Die Schrift meines Großvaters im Almoutanabi-Gedichtband
 Wie die Schatten einer Prophezeiung
 meine Bibliothek an der Wand, die Bäume in unserem Hof
 unsere Haustür und den Durchgang zum Treppenhaus

 eine Tradition von Vorräten und von Festtagskeksen
 und den Wassertank auf dem Dach.
 Ich ordnete die Dinge meines Herzens.
 Das Schreiben gehorchte mir nicht.
 Meine Sprache umarmte meinen Wunsch nicht.
 Meine fernen Erinnerungen beugten sich über meine Gegenwart
 sie taumelte und verneigte sich
 und mein Gedächtnis schlief nicht ein, ließ mich nicht schlafen!

 Haben die Flüchtlinge Abschied genommen?
 Meine Abreise dauerte eineinhalb Jahre.
 Ich hatte nicht das Gefühl, Abschied zu nehmen.
 Ich verteilte mich auf den Ort
 und ich beobachtete die Zeremonie der Abreise.
 Der Abschied verlief wie ein Verkehrsunfall.

Ich war eine Handvoll Nebel.
Ich beobachtete den Tod, wie er an mir vorüberging
er berührte mein Gesicht und ging weiter
dann schaute ich mit erschrockenen Augen um mich her.
Ich sah die Leichen der Menschen, verbannt in der Luft
hängend am Echo der Wörter, mit denen man mich
umzingelte.«[6]

Die Stille der Einsamkeit

In Syrien war Lina eine Frohnatur, ausgelassen, für jeden Spaß zu haben, allseits beliebt. Schlenderte sie durch die Gassen ihres Viertels, begrüßte man sie rechts und links. Ständig klingelte jemand an der Tür, immer war bei ihr zu Hause etwas los. In Deutschland klingelt nur der Postbote – und meistens hat der nichts für sie dabei, sondern nur für die Nachbarn. Und wenn die Nachbarn klingeln, dann meistens nur, um ihre Pakete abzuholen – und nicht, um gemeinsam eine Tasse Tee zu trinken, wie es sich Lina gewünscht hätte. Lina stört es, dass sie nichts über ihre neuen, deutschen Mitbürger weiß. Sie hat keine Ahnung, über welche Witze sie lachen, welche Einstellung sie zum Leben oder welche Träume sie haben. Sie versteht auch ihre nonverbalen Signale nicht. Diese Einsamkeit macht Lina zu schaffen – und hemmt ihre Sprachentwicklung.

Auch viele andere Flüchtlinge, die Schwierigkeiten mit der deutschen Sprache haben, berichteten von einer bedrückenden Einsamkeit, einem Gefühl, das ihnen bislang unbekannt war und das ihnen das Ankommen so sehr erschwert. Ali Mohammed, ein syrischer Familienvater aus Düsseldorf, erzählte, dass er manchmal mit der U-Bahn zum Hauptbahnhof fahre – nur, um Menschen zu sehen. Um in der Masse zu verschwinden, um in der

Wohnung nicht verrückt zu werden. Er habe noch nie so viel Zeit zu Hause verbracht wie in Deutschland. Deshalb stehe es auch so schlecht um seine Deutschkenntnisse, glaubt er. »Ich habe schon längst aufgegeben. Selbst wenn ich den Kurs besuche und abends die Hausaufgaben mache, lebe ich in meinen vier syrischen Wänden. Ich bin zu alt, um jemals deutsch zu sprechen«, sagt Ali. Dafür motiviert er seine Töchter und seine Frau, die neue Sprache zu lernen. Er bewundert ihren Ehrgeiz, doch für sich selbst hat er keine Hoffnung mehr. Er habe mit dem Kapitel Deutschlernen abgeschlossen, sagt Ali. Stattdessen beobachtet er die politische Lage in Syrien, um möglichst schnell zurückzukehren.

Dabei ist Ali ein geselliger Mensch: Schon nach wenigen Minuten redet er fast ohne Pause. Ab und zu treffe er ein paar syrische Nachbarn, erzählt er. »Willst du wissen, aus welchem Land deine Nachbarn kommen, dann kannst du das am Abend von draußen sehen. Syrische Haushalte erkennt man immer an den weißen Neonröhren an der Decke. Ich glaube, Deutsche haben immer gelbes Licht, oder?« Das ist eine der Vermutungen, die er über seine neuen Mitbürger anstellt. Deutsche Freunde hat er nicht. Am liebsten spricht Ali – ähnlich wie Lina – über die Vergangenheit. In Syrien saß er gerne im Kaffeehaus, trank mit Freunden Tee und spielte Backgammon. In Deutschland macht ihm selbst das Einkaufen keine Freude mehr. In seinem Damaszener Viertel kannte er die Gemüsefrau, den Bäcker und den Metzger beim Namen – ihre Kinder gingen in die gleiche Schule, man sorgte sich, wenn einer mal krank war und länger nicht zum Einkaufen kam. Wenn Ali hier in den Supermarkt geht, spricht er mit niemandem – es ergibt sich einfach keine Gelegenheit. Stattdessen nimmt er sich das, was er braucht, aus dem Regal und dann gehts auch schon zur Kasse. Wenn er Glück hat, sieht die Kassiererin kurz auf und wünscht ihm einen guten Tag. Besonders freut er sich, wenn sie ihm ein »Tschüüüüüs« hinterherruft. Doch mehr Austausch gibt es in seinem Alltag nicht. »Man kann in Deutschland leben, ohne je mit einem Deutschen gesprochen zu haben. Von ihnen geht keine Initiative aus und von mir auch nicht.« Oft habe er das Gefühl, in einer anonymen, kalten Blase gefangen zu sein. »Bei euch heißt das private Sphäre, oder?«, fragt er und zuckt mit den Achseln. »Wie soll ich die deutsche Sprache benutzen, wenn ich keine Kontakte knüpfen kann?«, fragt er. »Wir Syrer sind ein geselliges Volk, wir sind Einsamkeit und Ruhe nicht gewohnt. Das macht das Ankommen so schwierig.«

Ich kann nachvollziehen, was Ali meint. Von Kindesbeinen an fliege ich regelmäßig zur Großfamilie meines Vaters und brauche danach jedes Jahr mindestens eine Woche, um mich wieder an diese »ohrenbetäubende Stille« in Deutschland zu gewöhnen. In weniger als vier Flugstunden bin ich in einer komplett anderen Welt. In Deutschland ist es so still, dass meine Ohren regelrecht unterfordert sind. Kein Gehupe, kein Kinderschrei, keine Musik aus den Boxen eines vorbeifahrenden Motorrads. Ich vermisse die Reizüberflutung, das Stimmengewirr, die vielen Menschen, die Nähe, die Enge, die Hitze – einfach alles. Ich höre nicht nur weniger, ich spreche dann auch automatisch weniger. Erst wenn ich wieder in meinem eng getakteten Arbeitsalltag angekommen bin, legt sich dieses Gefühl. Es bleibt keine Zeit mehr, um irgendetwas zu vermissen. Doch ich kann sehr gut verstehen, dass man sich in der Einsamkeit verlieren kann. Und zwar vor allem, wenn die Beschäftigung fehlt.

»Würde ein Deutscher nach Syrien flüchten, würde er in wenigen Monaten den syrischen Dialekt sprechen«, glaubt Lina. Obwohl die arabische Sprache wahrscheinlich viel schwerer zu erlernen sei. Aber es würde einfach schneller gehen, soziale Kontakte zu knüpfen – ein wichtiger Baustein, um eine neue Sprache zu lernen. »Die Schwägerin meines Mannes ist Ukrainerin und sie kann besser syrisch als ich«, sagt Lina mit einem Augenzwinkern. »Sie hat es so schnell gelernt, weil sie von Anfang an unter Menschen war. Jeder spricht bei uns mit jedem. Hierzulande wird man gleich für verrückt gehalten, wenn man mit Fremden das Gespräch sucht.« In Syrien lade einen alles dazu ein zu sprechen, doch in Deutschland dauere es ewig, eine Beziehung zu einem fremden Menschen aufzubauen, sagt Lina. Wenn man dann auch noch die Sprache nicht fließend beherrscht, ist es noch schwieriger als sowieso schon, findet sie.

Aber es ist nicht nur das Sprachproblem, das die Kontaktaufnahme erschwert. Es ist auch ein grundsätzlicher Kulturunterschied: In der westlichen Gesellschaft liegt der Fokus mehr auf dem Individuum, in Syrien auf der Gemeinschaft. In Deutschland besitzt die Privatsphäre, die Ali angesprochen hat, einen hohen Stellenwert: Man gibt sich und seinem Gegenüber genügend Raum, um sich zu entfalten und zurückzuziehen. In der arabischen Welt gibt es keinen Anspruch auf Privatsphäre. Rückzugsorte sind rar. Das liegt vor allem daran, dass die meisten Araber in einem großen Familiengefüge aufwachsen. Man lernt von Geburt an, dass das Individuum abhängig von der Gruppe ist. Daher sind das Zugehörigkeitsgefühl und die Bindung zwischen den Menschen stärker als in Gesellschaften, in denen Unabhängigkeit und Selbstbestimmung zentrale Werte sind. Ein ausgeprägter Kollektivismus steht einem ausgeprägten Individualismus gegenüber, was wiederum unmittelbaren Einfluss auf das Gefüge von Distanz und Nähe hat. Die in Deutschland verbreitete Vorstellung, jedes Kind müsse ein eigenes Zimmer haben, existiert im arabischen Raum meist nicht. Sowohl Töchter als auch Söhne ziehen in der Regel erst aus, wenn sie heiraten. Sie wandern also von einer Familie in die andere, um wiederum ihre eigene

Familie zu gründen. Hierzulande ziehen junge Menschen häufig mit 18 Jahren aus, wenn nicht schon früher, um zu studieren oder zu arbeiten – und dabei vor allem selbstständig zu werden. Es ist der normale Gang der Dinge.

Entsprechend ist auch der Umgang untereinander ein anderer. In der arabischen Welt mischt man sich eher in die Belange des anderen ein – und sieht das häufig als Dienst an der Gemeinschaft an und nicht als Indiskretion. Ein Beispiel aus meinem Alltag: Es gibt keinen längeren Aufenthalt in Ägypten, ohne dass meine Familie einen Krisengipfel einberufen würde. Ein Thema findet sich immer, sei es die anstehende Verlobung einer Cousine, in der es zu Streitigkeiten mit der Familie des Bräutigams kam, der Clinch zwischen Vater und Sohn oder – der Klassiker – ein Streit zwischen Eheleuten. Alles wird im großen familiären Plenum von Großmutter, Onkeln, Tanten, Brüdern, Schwestern, Schwiegermüttern, Schwägerinnen und Schwager ausdiskutiert – und im Nachhinein geschlichtet. Meist endet das Spektakel so, dass der Jüngere dem Älteren einen Stirnkuss gibt, im Fall der Eheleute entscheidet das Plenum, wer der Schuldige oder die Schuldige ist und schubst denjenigen solange in die Richtung des Ehepartners, bis ein irgendwie erkennbarer Stirnkuss zustande kommt. Natürlich kommt es vorher zu vorzeigbaren Dramen: Man wird laut, Streitparteien springen auf und drohen, das Plenum zu verlassen, religiöse Vorträge über die Wichtigkeit der Ehe werden durch schnippische Kommentare unterbrochen. Ich wundere mich immer wieder, wenn sich diese Streithähne am Ende dann doch wieder lieb haben – zumindest hält der Frieden so lange an, bis zum nächsten Krisentreffen zusammengetrommelt wird. In Deutschland bleiben solche Streitigkeiten meist in den eigenen vier Wänden, doch in der arabischen Welt werden sie regelrecht zelebriert.

Viele Flüchtlinge reagieren überfordert, wenn sie bei wichtigen Entscheidungen auf einmal auf sich allein gestellt sind. Ihnen fällt es schwer, Entscheidungen zu treffen, ohne vorher die Meinung der Familie eingeholt zu haben. Auch sich eine eigene Meinung zu bilden ist für viele ungewohnt. Einige mögen die neue Selbstständigkeit genießen, andere verlieren sich in einem bislang unbekannten Zwang zur Selbstbehauptung.

Zwang statt Drang

Lina kann verstehen, dass Deutsche fordern, Flüchtlinge *müssten* schnell Deutsch lernen. Doch es ist genau das *Müssen*, das sie ausbremst. Sie würde sich wünschen, dass die Menschen sich in sie hineinversetzten. Seit Lina in Deutschland ist, fühlt sie sich ständig unter Druck. »Wenn ich zum Jobcenter gehe, dann sagen die mir ganz klipp und klar, es interessiert hier niemanden, dass du in Syrien auf Arabisch gedichtet hast. Du brauchst einen Job und für den musst du Deutsch lernen.« Ständig hört Lina, dass sie nur »diese eine Chance« habe, die sie ergreifen *müsse*. »Sie sagen, ich soll das Beste aus meinem Leben machen. Das hört sich so einfach an, aber das ist es nicht«. Lina muss sich nun Gedanken machen, was sie einmal werden möchte. Und sie muss Deutsch lernen. Gleichzeitig *muss* sie Dankbarkeit zeigen – auch wenn ihr nach Heulen zumute ist. Vielleicht werde sie ihre Berufung ganz an den Nagel hängen müssen, sagt Lina. Sie stehe ja sowieso schon auf der Kippe. Dabei möchte sie Gedichte schreiben, möchte keine Zeit mehr verlieren. Manchmal verbringt sie Stunden damit, über eine Schreibidee nachzudenken. Dann jongliert sie mit Wörtern, nicht auf dem Papier, sondern nur im Kopf. »Es ist wunderbar, wenn der Text irgendwann Füße bekommt und sich bewegt.«

In Deutschland noch mal in eine Schule zu gehen – wenn auch nur in eine Sprachschule – kostete Lina große Überwindung.

Der Integrationskurs umfasst in der Regel zwei Sprachkursmodule à 300 Stunden und zusätzlich einen mittlerweile 100-stündigen Orientierungskurs zur Vermittlung allgemeiner gesellschaftspolitischer und historischer Kenntnisse. Die Mehrzahl der Kurse sind allgemeine Integrationskurse. Darüber hinaus gibt es Spezialkurse (Alphabetisierungskurse, Frauenkurse, Elternkurse, Jugendkurse, Förderkurse, Intensivkurse). Die Kurse werden durch vom BAMF zugelassene Träger (2016: knapp 8800) angeboten und durchgeführt. Es handelt sich dabei vor allem um Sprachschulen und Volkshochschulen. Der Unterricht wird entlang eines Rahmencurriculums durchgeführt, auf der Basis von durch das BAMF zugelassenen Unterrichtsmaterialien für die Sprachvermittlung und den Orientierungskurs.

An ihre Schulzeit hat Lina grauenhafte Erinnerungen. Der autoritäre Erziehungsstil in ihrer Heimat hat tiefe Narben hinterlassen. »Die syrische Willkürherrschaft hat eine Gesellschaft hervorgebracht, die kein Erbarmen kennt«, sagt Lina. Ihr Schulalltag war geprägt von Erniedrigungen und willkürlichen Strafen. Wenn Lina eine Idee hatte und sie der Klasse mitteilen wollte, machte sich ihre Lehrerin über sie lustig. Es war diese grausame Art, Menschen kleinzuhalten, damit sie ja nicht auf die Idee kommen, sich mit dem System anzulegen. Die Kinder sollten nicht lernen, wie sie ihre eigene Meinung äußern, sondern wie sie gehorchen und »Ja, mein Herr« sagen. »Für die meisten Lehrer waren wir Kinder nur lästige Tiere. Wir mussten gehorchen, wurden geschlagen, vor unseren Freunden lächerlich gemacht. Sie haben uns beigebracht, gebückt und nicht aufrecht zu gehen.« In Syrien nannte Linas Grundschullehrerin sie immer nur »die Träumerin«. Ihre Gedanken schweiften ständig ab, sie war wie in Trance, eben in ihrer eigenen Welt. Sie dachte sich Geschichten aus, die sie später aufschreiben wollte, entfloh so dem Schulalltag. Und heute, 20 Jahre später, in der Fremde, fragt ihre Deutschlehrerin sie wieder: »Träumen Sie?« Lina fühlt sich zurückversetzt in ihre Schulzeit. »Ich habe das Gefühl, das ist alles nur ein schlechter Scherz, ein Albtraum, aus dem ich hoffentlich bald aufwache.«

Einmal erzählte Lina vor ihrer Klasse, dass sie in ihrer Muttersprache gerne Gedichte schreibt. Ein Fehler, wie sie heute sagt. Denn auf einmal erwartete die Lehrerin viel mehr von ihr. Sie müsse doch ein besonders gutes Sprachempfinden haben, sagte sie ständig. Einmal hatte Lina etwas falsch verstanden, woraufhin die Lehrerin sagte: »Ich würde gerne Arabisch verstehen können, um zu sehen, ob deine Gedichte so schlecht sind wie deine Antwort auf Deutsch.« Lina bebte innerlich. »In meiner Muttersprache bin ich eine Dichterin, aber hier bin ich nur ein Kind, das versucht, sprechen zu lernen«, entgegnete sie. Die Lehrerin machte sich trotzdem weiter lustig über Lina: »Dichterin, Dichterin, dass ich nicht lache.« Dieser Vorfall warf Lina in ihrer gerade aufkeimenden Beziehung zur deutschen Sprache um Monate zurück. »Ich hatte meine Erlebnisse aus der Schulzeit und dem Studium noch gar nicht richtig verarbeitet, da drückte ich, ehe ich blinzeln konnte, schon wieder die Schulbank«, sagt sie. Seither fehle ihr der Mut, deutsch zu sprechen. »Ich habe Angst, dass ich es nie lernen werde. Ich sage meinem Mann immer, dass ich wahrscheinlich sterben werde und immer noch kein Wort Deutsch kann.« Sie sagt es ganz ohne Dramatik.

Lina meldete sich schließlich vom Kurs ab und besucht seitdem einen Intensivkurs an der Uni. Ihre Erfahrungen im Deutschkurs verarbeitete sie in ihrem Gedicht »Am Rande der Rettung«:

»Wir sind angekommen.
Ich bin in der Grundschule in der ersten Klasse.
Ich bestelle ein Glas Wasser oder eine Tasse Tee
meine Lehrerin freut sich und meine Freunde klatschen
und ich weine. Ich schreibe Gedichte in meiner Sprache.
Ich möchte nicht in die Schule gehen.

Meine Wunde brennt vom Salz, ich möchte nicht unter Zwang lernen.
Sprache ist ein Luxus!
Ich bin hier nichts, außer dass ich vor dem Tod gerettet wurde.
Meine Familie liegt hinter mir, mein Haus liegt hinter mir
auch die Erinnerungen und meine Seele
und alles, wovon ich gefaselt habe, habe ich verlassen
ich sollte zurückkehren.«

Die jüngere Geschichte des Bundesamts für Migration und Flüchtlinge (BAMF, als nachgeordnete Behörde des Bundesinnenministeriums) ist eine Geschichte der Überforderung. Innerhalb von wenigen Monaten veränderten sich die Anforderungen und Bedingungen der Integrationskurse immens – vor allem aber die Zielgruppe. 890 000 Flüchtlinge kamen im Jahr 2015 nach Deutschland – so viele wie nie zuvor. 2016 waren es 280 000 und 2017 rund 186 000 Asylsuchende.[7] Auf den Tischen der Entscheidenden türmten sich die Akten. Vor 2015 hatten vorwiegend Familienmitglieder früherer Arbeitsmigranten und -migrantinnen das Angebot von Integrationskursen in Anspruch genommen, darunter auch Menschen, die seit Jahren in Deutschland lebten – Stichwort »nachholende Sprachintegration«. Nach 2015 besuchten größtenteils neu zugewanderte Flüchtlinge die Kurse. Das BAMF verfügte nicht über die nötige Kapazität, um die Konzepte und Materialien zu überarbeiten und die Kursleiter zu schulen, was allerdings bitter nötig gewesen wäre. Es entstand eine unkoordinierte, teils konkurrierende Vielfalt von Sprachkursangeboten. Und das Zuständigkeitswirrwarr im föderalen System tat sein Übriges. Viele Lehrkräfte sind überfordert bzw. nicht wirklich qualifiziert, ein differenzierter Unterricht ist nahezu unmöglich. Die Menschen fühlen sich unter- oder überfordert – keine gute Voraussetzung, um motiviert eine neue Sprache zu lernen.

Mayssa Mohammed, eine geflüchtete Mutter aus Düsseldorf, erzählte, dass unter den Flüchtlingen zudem ein regelrechter Konkurrenzkampf ausgebrochen sei. Man gönne Flüchtlingen aus anderen Ländern nichts und freue sich gar, wenn der sprachliche Erfolg ausbliebe. »Wer integriert sich als Erster? Das ist die große Frage«, scherzt Mayssa. Vor allem die Syrer, die als privilegierte Flüchtlinge gelten, werden von anderen gemobbt. Mayssa wird oft von anderen Flüchtlingen ausgelacht, wenn sie etwas falsch ausspricht oder etwas nicht weiß, was dazu führt, dass sie sich immer weiter zurückzieht.

Das gesellschaftliche Klima gibt vielen Flüchtlingen zusätzlich das Gefühl, dass nur noch wenig Platz für Flüchtlinge sei, dass der Kuchen immer kleiner werde. Deshalb muss man besonders gut sein, um in Deutschland eine Chance zu haben. Trotzdem brechen viele die Kurse ab oder fallen durch, wie ein Bericht der Fachkommission der Heinrich-Böll-Stiftung belegt.[8] Von staatlicher und amtlicher Seite werden die Integrationskurse als Erfolg verkauft. Jedoch hält nur die Hälfte der Teilnehmenden bis zum Abschlusstest durch. Und von diesen bestehen 40 Prozent den Test nicht.[9] Nur 30 Prozent der Kursteilnehmer und -teilnehmerinnen erreichen das Ziel B1 im ersten Anlauf.

Am Ende des Integrationskurses werden die Teilnehmer geprüft. Die Erfolgsquote in den Kursen ist vergleichsweise niedrig. Auch Lina ist einmal durchgefallen, gerade besucht sie zum zweiten Mal den A2-Kurs. Mayssa aus Düsseldorf hatte vor den Prüfungen solche Angst, dass sie nachts an Atemnot litt und ihr Mann Ali den Notarzt rief. »Ich habe panische Angst zu versagen. Wenn schon mein Mann sich weigert, Deutsch zu lernen, dann muss doch zumindest ich erfolgreich sein«, sagt sie. Die 38-Jährige möchte eine Ausbildung zur Krankenschwester machen, muss dafür allerdings den Sprachkurs bestehen. Sie erzählt von Freundinnen, die ähnliche Probleme haben. Alle sind mit den Nerven am Ende, weil sie nicht vorankommen – aber es doch *müssen*, um den nächsten Schritt gehen zu können.

Hierzulande besuchen Menschen Sprachkurse meist freiwillig – sie planen einen Studienaufenthalt oder einen längeren Urlaub. Sprachenlernen ist also mit Spaß verbunden und man ist hochmotiviert, da man sich aus freien Stücken dafür entschieden hat. Doch viele Flüchtlinge lernen unter großem Druck und Zwang. Entsprechend negativ ist ihre Einstellung zur neuen Sprache, die sie sich aneignen müssen.

Die Last der Erinnerungen

Lina beschäftigt sich in ihren Gedichten ausschließlich mit der Vergangenheit. Sie neigt dazu, immer wieder die gleichen Bilder zu verwenden, weil sie Angst hat, etwas zu vergessen. Das ist bei vielen geflüchteten Dichtern so. Sie versuchen, ihre Heimat in ihren Gedichten zu reproduzieren. »Wir sehen durch das Fenster unseres Hauses, blicken auf unseren Garten – all diese Bilder führen dazu, dass die Motive abgenutzt werden, die Bilder ihre Bedeutung verlieren«, sagt Lina. Seit Monaten hat sie nicht mehr geschrieben, weil sie sich ständig dabei ertappt, über Vergangenes und Verlustängste zu schreiben statt neue Bilder zu kreieren. »Ich schaffe es nicht mehr, über den Krieg in Syrien zu schreiben. Wenn man die Bilder der toten Menschen sieht, der vielen toten Kinder, dann fehlen einem die Worte. Meine Stimme hat keinen Wert und auch das, was ich schreibe, nicht.«

Auch der 54-jährige Nasser Mattawa aus München lebt in der Vergangenheit. Jedes Mal, wenn ich die Familie besuche, zeigt er Bilder von früher. Über Google Street View zoomt er seine Grundstücke heran, die er vor dem Krieg hatte bebauen wollen. Er erzählt von seinen mehrstöckigen Häusern, gut gelegen im Vorort von Damaskus. Kurzum: Er zeigt mir all seine Besitztümer, die Arbeit eines ganzen Lebens. Nasser hat sich als Anwalt hochgearbeitet, jeden Tag bis zu zwölf Stunden geschuftet, um seiner Familie eine bessere Zukunft zu ermöglichen – und nun ist all das verloren. Auf Arabisch würde man dazu sagen: »Ich habe dafür mit dem Blut meines Herzens bezahlt.« Das deutsche Pendant wäre wohl, er hat es sich »im Schweiße seines Angesichts« erarbeitet. Gerade hat Nasser den Führerschein gemacht, er hofft, so leichter eine Arbeit zu finden. Vom Anwalt zum Lieferanten – er kann darüber nur bitter lachen. Aber immerhin besser, als zu Hause zu sitzen. Den Sprachkurs hat er zweimal nicht bestanden. Es fehlte die Motivation. Jetzt wieder von Null anfangen? Er hatte sich doch schon alles erarbeitet, Nächte durchgelernt, Tage durchgearbeitet. In Deutschland angekommen beobachtet er seine Kinder dabei, wie sie innerhalb weniger Monate fließend Deutsch sprechen, und fühlt sich um Jahre gealtert. Er möchte ähnlich wie Ali nach Syrien zurück, sobald die politische Lage es erlaubt.

Eine Tatsache, die in der Flüchtlingsdebatte oft ausgeblendet – oder vielleicht auch gar nicht erkannt wird: Viele Menschen wollten nie nach Deutschland kommen. Ob man es glauben möchte oder nicht, sie verschwendeten keinen Gedanken an dieses Land. Sie beneideten auch nicht alle Europäer darum, dass sie in Europa leben und Europäer sind. Viele Flüchtlinge, mit denen ich gesprochen habe, klammern sich an die Vergangenheit, sie können sich eine Zukunft in Deutschland beim besten Willen nicht vorstellen, weil sie in ihrer Heimat glücklich waren. Sie hatten Familie, Freunde, Arbeit, ein erfülltes Leben – trotz der teils schwierigen politischen Umstände. Deshalb fehlt ihnen die Motivation, sich in eine andere Lebensweise, eine andere Sprache hineinzufinden. Viele von ihnen hatten sich in Syrien ein gutes Leben erarbeitet, sie glauben nicht, das hier erneut zu schaffen. Nasser hat versucht, sein Hochschulzeugnis anerkennen zu lassen – aber was ist ein Jura-Examen aus Syrien in Deutschland wert?

All das hat natürlich einen großen Einfluss darauf, wie viele Flüchtlinge zu Deutschland stehen. Sie wissen ganz genau, dass sie hier nicht die gleichen Chancen wie in ihrer Heimat haben. Dass von dem, was sie einmal hatten und waren, nicht mehr viel übrig ist. »Ständig wird über Integration und Dankbarkeit gesprochen, doch was, wenn man in seiner Heimat glücklich war?«, fragt Lina. Was, wenn man auch nach einigen Jahren noch um sie trauert? Was, wenn man dort nicht in Luxus schwelgte, aber dafür die Geborgenheit seiner Familie genoss, die Gerüche seiner Kindheit in der Nase hatte, die Freunde aus der Schulzeit beim Einkaufen traf? »Der Ort, an dem man geboren ist, gehört zu einem. Es ist der Ort, an dem deine Eltern dich geliebt und verwöhnt haben, an dem sie dich getragen haben, es war der Ort, an dem wir gespielt, die Straße vor unserem Haus mit Kreide bemalt haben. Doch mittlerweile sind Freunde von damals gestorben und der Ort ist nicht mehr derselbe.«

In ihrem Gedicht »Am Rande der Rettung« schreibt Lina auch über ihre Heimat, hier ein weiterer Auszug:

> »Sie kommen auf dem Land-, dem See- oder dem Luftweg
> Fliehen von Hauptstadt zu Hauptstadt, von einer Grenze zur anderen
> als seien die Landkarten Illusionen
> und als sei ihr Anteil am Leben die Flucht
> als ob das Land düstere Augen hätte, die im Nebel tränten
> Ich kannte meine Gasse im Schlaf wie meine Handfläche
> und die Straßen, die zur Stadtverwaltung führten.
> Ich kannte die Geschichten der Familien, alle alten Frauen
> und alle Mädchen, die vor Liebe in der Sit Zainab Straße herumstolperten.
> Ich kannte alle Läden, jeden vom Gras gestörten Bürgersteig.
> Ich kannte es, ich kannte es, ich kannte es.
> Mir kam es so vor, als sei ich ein Lexikon meines Ortes
> und wenn man mir sagte, oh Mädchen, das Reden ist nicht gestattet
> weinte ich um meine Sprache: Verhülle mich!
> Ich versteckte mich und schloss meinen Namen hinter mir ein«

Lähmende Depression

Die Flucht und das Ankommen in der Fremde haben Lina ihre Leichtigkeit genommen. Wenn sie über ihre Heimat spricht, ist es so, als spräche sie über einen geliebten Menschen, der gestorben ist. Dann füllen sich ihre großen blauen Augen mit Tränen und ihr Mund beginnt zu zucken. Dann wirkt sie wie eine Großmutter, die Geschichten von früher erzählt, weil das alles ist, was ihr noch geblieben ist. Sie sagt dann Sätze, die so wuchtig und schmerzhaft sind, dass man schlucken muss: »Wir sind für viele Deutsche eine Katastrophe. Aber wir haben uns dieses Leben nicht ausgesucht. Ich sehe mich als gebrochenen Menschen an. Und es wird eine Generation dauern, bis Deutschland von uns profitiert.« Auf Arabisch klingt das alles andere als melodramatisch, es klingt einfach nur erschreckend ehrlich. Manchmal blitzt sie aber noch auf, Linas Lebenslust, ihre Fröhlichkeit – aber nur, wenn sie sich an etwas aus der Vergangenheit erinnert, dann steht die Zeit still. Dann lacht sie aus vollem Herzen. So laut, dass die Tischnachbarn in dem Bochumer Café sich neugierig umschauen und sich über das Wechselbad der Gefühle wundern.

Auch drei Jahre nach ihrer Flucht aus Syrien leidet Lina an Albträumen. Besonders schlimm war die Phase, als ihr Vater noch im Gefängnis war. Damals träumte sie von ihrer Heimatstadt, die unter Wassermassen versinkt und ihren Vater, ihre Freunde, Verwandte und Nachbarn verschluckt. In einem weiteren Traum rennt sie durch die leeren Straßen ihrer Heimatstadt, ruft nach ihrer Familie, doch niemand antwortet ihr. Dann schreckt sie auf, tränenüberströmt, schnappt nach Luft. In einem Traum sieht sie ihre Großeltern vor sich, die noch in Salamiyya sind, und dann auf einmal sich selbst. Sie schreit ihr jetziges Ich an, es solle gefälligst wieder in ihre Kindheit zurückkehren. Damals war alles noch so, wie es sein sollte.

Wenn sie mit ihren syrischen Freundinnen in Deutschland darüber spricht, erzählen sie ihr von ähnlichen Träumen. Dass Flucht und Vertreibung mit einem hohen Depressionsrisiko einhergehen, liegt auf der Hand. Durch den Anpassungsstress in Deutschland wird dieses noch erhöht. Laut der Bundespsychotherapeutenkammer (BPtK) ist mindestens die Hälfte der Flüchtlinge in Deutschland psychisch krank. Meistens leiden sie unter einer posttraumatischen Belastungsstörung (PTWS, 40 bis 50 %) oder unter einer Depression (50 %).[10] Viele scheuen sich davor, Hilfe zu suchen. Wer an einer PTBS leidet, erlebt die traumatische Situation immer wieder, meist in Form von Albträumen, blitzartigen Bildern oder filmartigen Szenen (Flashbacks). Diese Erinnerungen werden so intensiv erlebt, als ob sich das Ereignis gerade tatsächlich wiederholt.

Das Problem: Traumatisierte und kranke Flüchtlinge haben aufgrund des Asylbewerberleistungsgesetzes nur in akuten und lebensbedrohlichen Fällen ein Recht auf medizinische Behandlung. Hinzu kommt, dass diese ohne Dolmetscher oft problematisch ist. Gerade psychiatrische Erkrankungen können allein aus diesem Grund kaum abgeklärt werden. Dass unter diesen Umständen eine Integration in eine völlig fremde Gesellschaft und das Erlernen einer neuen Sprache eigentlich nicht möglich ist, wird oft übersehen. Jürgen Soyer, Geschäftsführer des Beratungs- und Behandlungszentrums »Refugio München«, arbeitet mit traumatisierten Flüchtlingen. Er berichtet von zahlreichen Klienten, die sich im engen Rahmen des Sprachkurses sehr schwer mit dem Deutschlernen tun. »Das hat oft mehr mit der Situation im Kurs zu tun, da man dort nicht auf die psychische Verfassung der Menschen eingehen kann. Oft ist der Kopf einfach voll mit anderen Dingen, da passt ein neuer Lernstoff nur schwer rein«, sagt Soyer.

Lina kann inzwischen ihre Uhr danach stellen: Alle zehn Tage hat sie eine Panikattacke. Sie weint stundenlang, fühlt sich schwerfällig und kann kaum aufstehen. »Ich fühle mich dumm und nutzlos, als unbrauchbares Wesen auf dieser Welt.« Während sie spricht, füllen sich ihre Augen mit Tränen. Das Exil hat aus Lina eine andere gemacht: eine träge, tieftraurige Person, die nicht einmal genug Energie hat, aus dem Bett zu kommen. »Meine Beziehung zu meinem Bett hat sich in den letzten Monaten auf jeden Fall intensiviert«, sagt sie und lacht dann doch wieder. Sie weiß, dass es Geflüchtete gibt, die ein schwereres Schicksal haben als sie. Doch sie könne gegen ihre Traurigkeit nichts tun. Ihr Mann sei es, der sie immer wieder aus dem tiefen, schwarzen Loch heraushole. Ihr geht es zwar besser, seitdem ihr Vater endlich in Sicherheit ist. Doch die Erinnerungen sind so intensiv, dass ihr ein Ankommen unmöglich erscheint.

Kürzlich war Lina auf dem Weg zum Deutschkurs – sie wiederholt derzeit den A2-Kurs –, als sie zufällig ihre Eltern traf. Es bewegte sie so sehr, in der Fremde zufällig ihre Eltern zu sehen, dass sie auf die beiden zulief, sie küsste und weinte wie ein kleines Mädchen. Obwohl sie ihre Eltern fast jeden Tag sieht, fühlte sie sich plötzlich an die Geborgenheit ihrer Heimatstadt erinnert, als sie wie früher bekannte Gesichter zufällig auf der Straße traf. All die Sehnsucht nach ihrem früheren Leben brach aus ihr heraus. Sie verpasste den Zug und kam zu spät zum Deutschkurs. »Als ich im Zug saß, bemerkte ich, dass ich am ganzen Körper zitterte. Diese Szene hat mich so sehr an meine Heimat erinnert. Wenn ich dort meinen Vater mal zufällig auf der Straße sah, bin ich auch immer auf ihn zugelaufen und habe ihn geküsst. Als würde ich deswegen eine Medaille gewinnen.« In diesem Moment war ihr bewusst geworden, dass sie ihre Heimat wahrscheinlich nie wieder sehen würde. Dass alles, was ihr bislang vertraut gewesen war, was ihr Sicherheit gegeben hatte, vergangen ist.

»Manche Menschen bekommen in der Fremde Kinder, sie hoffen, dadurch neue Erinnerungen zu erschaffen, die den neuen Ort erträglicher machen. Als würden sie gemeinsam mit dem Kind neu auf diese Welt kommen – ohne Altlasten, ohne Heimweh«, sagt Lina. Doch sie selbst kann sich das nicht vorstellen: »Warum sollte ich hier ein Kind auf die Welt bringen und es mit meinen Erinnerungen quälen?« Obwohl sie erst 28 Jahre alt ist und ihr Leben noch vor sich hat, fällt es ihr schwer, sich eine Zukunft in Deutschland auszumalen. Sie will sich nicht einmal mit der Gegenwart beschäftigen. »Ich habe keine Vorstellung von der Zukunft, weil ich mich von der Vergangenheit nicht verabschieden will. Wenn ich etwas von ganzem Herzen liebe, dann für immer. Wie soll ich mich nun an all das Fremde gewöhnen, an eine neue Sprache, wenn mein Herz noch an der Vergangenheit hängt?« Sie weiß, dass sie diese Gedanken nicht weiterbringen, aber sie kann nicht anders. Sie müsse ständig daran denken, was sie alles zurücklassen musste.

Die Liebe zur Muttersprache

Linas Verhältnis zu ihrer Muttersprache ist in der Fremde noch enger geworden, als sie es in der Heimat schon war. Denn es ist die arabische Sprache, die ihr Erleichterung verschafft, ihr für einen Moment die Last von der Seele nimmt. »Ich finde mich selbst in ihr. Meine Sprache genügt mir. Wie kann ich eine andere je in mein Herz lassen?«, fragt Lina sich. Sie beneidet die Menschen, die sich mit der deutschen Sprache anfreunden können – und Anschluss finden. Eine neue Sprache zu lernen verlangt einem sehr viel Konzentration ab. Man muss sich zeitweise von der Muttersprache verabschieden – und irgendwie auch mit der Vergangenheit abschließen oder sie zeitweise ausblenden. Doch Lina schafft das nicht. Das Arabische auch nur einen Moment aus ihrem Bewusstsein zu verdrängen fällt ihr unglaublich schwer. »Ich lese, ich träume, ich denke auf Arabisch, den ganzen Tag. Ich habe einfach keinen Platz für noch eine andere Sprache.« Allein der Gedanke, dass sie irgendwann nicht mehr auf Arabisch, sondern auf Deutsch schreiben könnte, macht ihr Angst. »Auf Arabisch kann ich die Sprache am Nacken packen, aber auf Deutsch bin ich ein Kind.« Einmal sollte Lina im Kurs vier Zeilen über das Nashorn schreiben. Auf Deutsch schrieb sie ein paar einfache Sätze; dann wechselte sie ins Arabische und begann, ein ganzes Gedicht über das Nashorn zu schreiben. »Vielleicht kann ich in Deutschland ja Kinderbuchautorin werden«, sagt Lina scherzhaft.

Schon als Teenager las und hörte Lina Gedichte von bekannten arabischen Poeten wie Mahmoud Derwisch oder Nizar al-Qabbani. Sie lernte von ihnen, wie man Wörter betonte, der Stimme Ausdrucksstärke und Tiefe verlieh, wie man Menschen mit seiner Stimme in den Bann zog. »Wie nennt man das im Deutschen doch gleich, wenn die Haut so Punkte bekommt?« Gänsehaut, ja genau, die bekamen sogar die deutschen Zuschauer, als sie im Sommer 2017 im Münchner Literaturhaus auf Arabisch ein selbst geschriebenes Gedicht vorlas. Im darauffolgenden Winter wurde Lina mit dem »Kleinen Hertha-Koenig-Literaturpreis« ausgezeichnet, der herausragende Veröffentlichungen im Bereich Prosa oder Lyrik würdigt. Nach ihrem Auftritt kam eine Frau zu ihr und sagte: »Ich werde nie vergessen, wie Sie vorgelesen haben.« Auch andere Zuschauer erzählten, sie hätten zwar kein Wort verstanden, aber dennoch eine Gänsehaut bekommen. Das bedeutete ihr unendlich viel. Und sie wünschte sich, dass Menschen ihre Dichtung auch *verstehen*. Einmal las die deutsche Schauspielerin Katja Riemann Linas Text am »Rande der Rettung« vor. Zum ersten Mal spürte Lina eine tiefe Verbindung zur deutschen Sprache. Es war ihr Text, der da gelesen wurde – in einer fremden Sprache. In dem Moment schöpfte sie Hoffnung. »Ich bekam diese – wie heißt das noch mal – Gänsehaut.«

Es sind Augenblicke wie diese, die sie bestärken weiterzumachen. »Ich möchte meine Zuhörer kennenlernen. Es ist etwas Großartiges, wenn Menschen dir ihre Aufmerksamkeit und Zeit schenken. Dann ist es das Mindeste, dass ich ihre Sprache lerne.«

Wenige Tage nach der Lesung erfuhr sie, dass sie beim A2-Deutschkurs durchgefallen war. »Ich habe ständig das Gefühl zu versagen. Dabei müsste ich es als Schriftstellerin, als jemand, der Sprache liebt, doch hinbekommen.«

Die Hoffnung bleibt

Wenn Linas Gedichte ins Deutsche übersetzt werden, fühlt sie, dass diese Sprache ihr Chancen eröffnen kann. In Syrien durfte sie ihre Gedichte nicht mehr öffentlich lesen. Deutschland schenkt ihr neue Möglichkeiten. »Diese wahnsinnige Einsamkeit, die man hier spürt, gibt einem zumindest die Möglichkeit, sich zu entfalten«, sagt Lina. »Ich muss die deutsche Sprache lieben lernen.« Sie hofft, dass sie sie eines Tages so gut beherrscht, dass sie sich darin ausdrücken kann. »Ich will den Menschen mein wahres Ich zeigen. Ich will mich nicht mehr als unmündiges, unnützes Wesen fühlen müssen, das jegliche Tiefe verloren hat.« Das Schreiben sei eine Chance, es nehme ihr den Druck von der Seele: »Ich hoffe, dass ich ein Stipendium bekomme, um in Deutschland meinen Traum weiterträumen zu können«, sagt Lina. In düsteren Momenten drückt ihr Mann Osman ihr einen Block und einen Stift in die Hand und fleht sie an zu schreiben, um sich besser zu fühlen. »Wenn du es verdienst, bekommst du in diesem Land eine Chance. Die Sprache ist der Türöffner, das weiß ich auch, aber ich habe das Gefühl, mich selbst verloren zu haben, ich fühle eine innerliche Leere, deshalb fällt es mir so schwer, in die Zukunft zu blicken.«

Es gab sogar Zeiten, in denen Lina einen regelrechten Hass auf die deutsche Sprache entwickelte. Wenn Leute um sie herum deutsch sprachen, empfand sie es geradezu als »Lärmbelästigung«. Sie schlug sich gegen den Kopf, um nichts mehr zu hören. Allein der Klang der Sprache störte sie. Sie empfand sie als grob und schroff, nicht als melodisch wie etwa das Französische. Auf YouTube entdeckte sie das Video »Wie sich Deutsch anhört«, in dem Menschen in verschiedenen europäischen Sprachen Wörter wie »Kugelschreiber«, »Krankenhaus« oder »Schmetterling« aussprechen. Das Deutsche kommt dabei im Vergleich zum Englischen oder Französischen nicht gut weg. Lina sah sich in ihrer Wahrnehmung bestätigt, doch um ihre Motivation nicht ganz zu verlieren, sah sie sich danach ein Video an, in dem sich die deutsche Sprache besonders schön und elegant anhörte. Immer wenn sie ein Tief hat, spielt sie es sich nun ab. Auch hat sie mittlerweile Menschen getroffen, die ihr ans Herz gewachsen sind, und hört seitdem auch die schönen Seiten des Deutschen heraus.

Ihre Gedanken an ihre Heimat empfindet Lina mittlerweile als Last. Sie hofft, endlich im Hier und Jetzt anzukommen. In der Schule wurde ihnen täglich eingetrichtert, dass ihre Heimat »heilig« sei, dass das Vaterland über allem stehe. »Ich hoffe, dass ich mich eines Tages davon lösen kann. Dass ich das einzelne Individuum als etwas Heiliges ansehe. Denn wohin der Mensch auch geht, er schafft sich seine eigene Welt, seine eigene Heimat. Familie bedeutet Heimat, Freunde bedeuten Heimat, die schönen Erinnerungen bedeuten Heimat.«

Mittlerweile verklärt sie ihre Heimat nicht mehr. Sie erzählt, dass ihr Leben auch vor dem Ausbruch der syrischen Revolution beschwerlich war. Und dass das Leben in Deutschland viele angenehme Seiten hat – zum Beispiel, dass es 24 Stunden am Tag Strom gibt. In Syrien gab es manchmal 20 Stunden am Tag keinen

Strom. Im Winter war es deshalb oft kalt und dunkel. Auf Dauer macht das die Nerven kaputt, sagt Lina. Dabei ging es ihren Eltern vergleichsweise gut: Ihr Vater ist Landbauingenieur, ihre Mutter Französischlehrerin. Aber viele Syrer lebten in prekären Verhältnissen, eine kleine, staatsnahe Oberschicht ausgenommen. Einmal im Monat gab es Bananen, das war für die Kinder der reinste Luxus. »Ich habe immer die Bananen meiner Geschwister aufgegessen und meine Mutter hat mit mir geschimpft.« Nach ihrer Flucht merkte sie, dass ihr Bananen eigentlich gar nicht schmeckten. »Ich sagte zu meinem Vater einmal im Spaß: ›Das einzig Gute an Assads Diktatur und unserer Flucht ist, dass ich jetzt weiß, dass ich Bananen eigentlich gar nicht mag.‹«

Nach einem unserer langen Gespräche in Bochum war Lina hungrig. Sie schlug vor, zu einem neuen Falafel-Imbiss zu gehen, der in der Nähe des Hauptbahnhofs eröffnet hatte – »und der wunderbar nach Heimat schmeckt«, wie sie erzählte. Zumindest das Essen ist ihr von der Heimat geblieben. Der syrische Falafel-Besitzer erkannte sie bereits von Weitem. Sie bestellte zweimal dasselbe. »Siehst du, ich habe dir gesagt, wenn ich etwas wirklich liebe, dann für immer«, sagte sie und lachte. Ihre Augen strahlten wieder.

Es wird wohl noch eine Weile dauern, bis Lina mit der Gegenwart ihren Frieden schließt. Bis sie sich an das Leben in Deutschland gewöhnt. Doch es gibt Hoffnung. Denn was Lina mittlerweile genauso liebt wie syrische Falafel ist die deutsche Bratwurst – eines ihrer ersten deutschen Wörter. »Und bei mir geht nicht nur die Liebe durch den Magen, sondern auch die Sprache«, scherzt sie.

Und auch ihr Gedicht endet hoffnungsvoll:

»Drei Sterne aus Blut formten den Lehm meiner Seele
eine Flagge für das Land, das wir uns wünschten
ein Horizont für die Freiheit der Phantasie.
Ich flüsterte allen zu, die bei mir unter diesen drei Sternen waren:
Ihr Träumer, freut euch nicht und seid nicht traurig!
Dann war Zerstörung, Tod und Schrecken
Zelte unter freiem Himmel.
Wer sich retten konnte, rettete sich, auch ich wurde gerettet.
Hier in das weite Land.«

DIE SPRACHE DER BÜROKRATIE
Wie Flüchtlinge das Deutsche wahrnehmen

Für viele Flüchtlinge ist Deutschland das Land der 1001 Regeln, das Land der Papiere und Ämter. Da viele von ihnen die ersten Erfahrungen mit Deutschen in Behörden machen, glauben sie, dass alle so kompliziert und verschachtelt sprechen wie die Beamten dort. Daraus resultieren ihre oft lustigen, vielfach erhellenden und manchmal auch einseitig wirkenden Urteile über die deutsche Sprache.

Je tiefer die Neuankömmlinge in die neue Sprache eintauchen, desto mehr Unterschiede sehen sie. Ihre Muttersprache liebt Anspielungen, Emotionen und dichterische Ausschmückungen, die fremde Sprache aber legt großen Wert auf Sachlichkeit, Effizienz und Verbindlichkeit – eigentlich müssten sich die Sprachen perfekt ergänzen. »Wer sich *selbst* und andre *kennt*, Wird auch hier erkennen: Orient und Okzident Sind nicht mehr zu trennen. Sinnig zwischen beiden Welten Sich zu wiegen, lass ich gelten; Also zwischen Osten und Westen Sich bewegen, sei's zum Besten!«[11] Ich halte es gerne mit Goethe und wandle nicht nur gerne zwischen Orient und Okzident hin und her, sondern bewege mich auch sprachlich am liebsten irgendwo dazwischen: Bei uns zu Hause ist »Arabeutsch« eine eigene Lingua franca. »Yalla Habibi, mach bitte deine Hausaufgaben« (liebevoll, aber bestimmt) oder »Inschallah, bin ich sicher dabei« (vage, aber das »sicher« macht Hoffnung). Einige Menschen mögen das Sprachverfall nennen –

man spricht weder reines Deutsch noch reines Arabisch (obwohl man beides natürlich könnte) –, doch manchmal lassen sich auf diese Weise gefühlte Lücken füllen, die jede Sprache für mich hat. So fällt es mir zum Beispiel im Arabischen wesentlich leichter, Komplimente zu machen, als im Deutschen. Wenn mir das Essen geschmeckt hat, fällt mir höchstens ein »Danke, das war echt sehr lecker« ein, doch im Arabischen segne ich die Hände, die das Essen zubereitet haben, und frage den Koch oder die Köchin, ob sie versehentlich ihre Finger in den Tee getunkt haben, da er so wunderbar süß schmecke. So etwas würde im Deutschen einfach nicht funktionieren.

Was mir oft gar nicht mehr bewusst ist, gehört für die Neuankömmlinge in unserem Land zu den täglichen Erfahrungen. In diesem und dem folgenden Kapitel werden die Eigenheiten der beiden Sprachen gegenübergestellt – subjektiv, unwissenschaftlich und gelegentlich das ein oder andere Klischee strapazierend.

Der Komposita-Kollaps

Die meisten Neuankömmlinge sind dankbar, wenn sie ohne Schwierigkeiten durch den Alltag kommen. Wenn sie sich problemlos Brötchen, Semmeln oder Schrippen (je nach Region, in der sie gelandet sind) vom Bäcker holen können und nicht mehr ratlos vor einem Fahrkartenautomaten stehen, der anfangs ein riesengroßes Problem darstellt – doch wenn sie ein amtliches Schreiben erhalten oder zum ersten Mal beim Jobcenter vorsprechen müssen, haben sie das Gefühl, es mit einer komplett anderen Sprache zu tun zu haben. Plötzlich verstehen sie gar nichts mehr und fühlen sich so hilflos, als hätten sie nie einen Deutschkurs besucht. Zur Verteidigung: Das mag sich auch manch einer denken, der glaubt, Arabisch gelernt zu haben, und dann nach

Ägypten, Marokko oder in den Libanon reist. Die gesprochenen Dialekte dort haben scheinbar nichts mit dem modernen Hocharabisch oder dem klassischen Arabisch zu tun.

Beim Behörden-Marathon werden die Geflüchteten oft mit Zungenbrechern wie »Mietschuldenfreiheitsbescheinigung«, »Kostenübernahmeerklärung« oder »Niederlassungserlaubnis« konfrontiert. »Man merkt die Ordnungsliebe und Regelverliebtheit bereits an ihrer Sprache«, meint Mayssa aus Düsseldorf und schlägt die Hände über dem Kopf zusammen. »Das Problem ist, dass man nie versteht, was sie von einem wollen. Oft sind die Wörter so lang, dass man den Anfang schon wieder vergessen hat.« Viele deutsche Wörter scheinen einer »Raupe Nimmersatt« zu gleichen – manchmal werden drei oder vier Wörter zu einem Wortpaket zusammengeschnürt. Im Arabischen gibt es so etwas wie Komposita nicht.

Eine weitere Hürde für Araber ist die Aussprache des Deutschen. Sie tun sich schwer damit, Umlaute wie Ä, Ö und Ü auszusprechen – übrigens genau wie P und W, die es im arabischen Alphabet nicht gibt. Um die diversen Schwierigkeiten zu vermeiden, haben viele Geflüchtete Zuflucht zu Wortspielen gesucht und ein Repertoire an Ersatzwörtern entwickelt: Aus »Kostenübernahme« wurde einfach »Kostenmanama«. Da das Sozialamt die Kosten für die Verpflegung und das Wohnen übernimmt, ersetzen sie den Wortteil »-übernahme« durch das arabische Wort *manama* (»Übernachtung«). Denn letztlich stellt ihnen das Sozialamt ja einen Schlafplatz zur Verfügung, indem es die Kosten fürs Wohnen übernimmt. Auch das sperrige Kompositum »Ausländerbehörde« hat im deutsch-syrischen Wortschatz einen würdigen Ersatz gefunden. Man nennt es »Abu Skander« – also »Vater von Skander« – wahrscheinlich, um die Umlaute zu umgehen, schätzt Khalid.

Die Vereinfachung der Sprache trifft aber auch unbequeme Namen von U-Bahn-Stationen wie die »Amrumer Straße« in Berlin. Aus ihr wurde kurzerhand »Umm-Umar-Straße«, die Straße von Umars Mutter. Das Muster ist immer ähnlich: Man lässt sich vom Klang des deutschen Worts inspirieren und ersetzt es durch ein arabisches Wort, das oft auch noch die Bedeutung aufnimmt.

Monsterlevel Bürokratendeutsch

Das Bürokratendeutsch verschreckt viele Flüchtlinge und prägt ihr Bild von den Deutschen und ihrer Sprache. Nur wenn sie deutsche Bekannte oder Freunde haben, gelingt es ihnen, die Ängste wieder zu nehmen und die Vorurteile abzubauen.

Auch die 33-jährige syrische Autorin Rasha Abbas, die heute in Holland lebt, macht sich in ihrem Buch »Die Erfindung der deutschen Grammatik« über die Regelverliebtheit der Deutschen lustig. Als ihr deutscher Protagonist Jan beobachtet, wie drei Jungs einem Kleinkind die Schokolade aus der Hand reißen, nimmt er zwar sofort die Verfolgungsjagd auf, bricht diese jedoch prompt ab, als die Schokodiebe in die U-Bahn springen. Er hat nämlich keine Fahrkarte. Humor ist Rashas Art, mit dem ungewohnten Flüchtlingsdasein zurechtzukommen. Sie hat genug von der Rolle des tragischen Opfers, das bemitleidet oder angefeindet wird. Ursprünglich kam sie mit einem Schreibstipendium nach Stuttgart. Als das Visum nach drei Monaten ablief, reiste sie nach Berlin, um Asyl zu beantragen – und blieb für zwei Jahre.

Rasha Abbas muss heute noch lachen, wenn sie an ihre ersten Erfahrungen mit der deutschen Sprache denkt. Die Damaszenerin war schon immer sprachbegeistert. Als sie noch in Syrien lebte, kaufte sie sich CDs mit Sprachkursen für Spanisch, Italienisch – und Deutsch. Doch es dauerte nicht lange, bis sie merkte:

Das wird nichts zwischen mir und der deutschen Sprache. Es war das Wort »Kuchen«, das sie nachhaltig verstörte. »Wie kann man ein so schönes Wort wie *cake* so verschandeln?«, fragt Rasha ungläubig. Doch als in ihrer Heimat der Krieg ausbrach, floh sie nach Deutschland und musste sich dann doch mit der Sprache beschäftigen. Und zwar nicht nur mit der Alltagssprache, sondern eben auch mit der deutschen Beamtensprache. Sie vergleicht den Behördengang mit einem herausfordernden Computerspiel: »In jeder Phase meines Asylantrags ging ich mit den geforderten Dokumenten um, als müsse ich die Aufgaben lösen, um ins jeweils nächste Level zu kommen.« Die Anmeldung beim Jobcenter bezeichnet Rasha Abbas als »Monsterlevel«, also als größte Herausforderung. Schuld war das »Muster des Teufelskreises«: Man müsse ein Dokument vorweisen, für das man aber erst ein anderes Dokument brauche, doch um jenes zweite Dokument zu erhalten, müssen man das erste vorzeigen. Auch in der arabischen Welt ist die Bürokratie oft zum Haareraufen – doch dort gibt es einige Schlupflöcher: Man kennt jemanden, der jemanden kennt, der in einer Behörde arbeitet, der einem den Wisch schneller besorgen kann. *Wasta* eben. Oder man lässt ein paar Geldscheine springen.

Apfel mit Oberlippenbart

Rasha Abbas war fest entschlossen, die deutsche Sprache gut zu lernen. Doch da gab es diese eine sprachliche Hürde, über die die meisten Deutschlernenden ein Leben lang stolpern: das deutsche Genus-System. Die Artikel »der, die, das« sind der Albtraum eines jeden Deutschlerners. Als besonders verwirrende Beispiele nennt Rasha das neutrale Mädchen und den maskulinen Apfel. Sie kann sich die Undurchdringlichkeit des Genus-Systems nur so erklären, dass sich dahinter eine böse Absicht verbirgt – frei nach dem Motto: »Träum nicht einmal davon, diese Sprache zu lernen, du bescheuerter Ausländer.« In ihrem Buch beschreibt sie eine fingierte Tagung anlässlich der Erfindung der deutschen Sprache. Ein Herzog Karl und ein Herzog Ludwig haben nur ein Ziel: Lernende restlos zu entmutigen. Vor allem Herzog Ludwig will es den Deutschlernern schwer machen. Einem anderen Tagungsteilnehmer erklärt er seine Motive für das komplizierte Genus-System: »Willst du etwa, dass wir am Ende wie Englisch werden? Wo man, grammatikalisch gesehen, mit einem Tisch genauso umgeht wie mit einem Kind oder einem Hund, ohne den geringsten Unterschied zu machen? Deswegen habe ich doch die Sache mit dem Genus überhaupt vorgeschlagen: damit die deutsche Sprache so einfühlsam wie möglich gegenüber jedem einzelnen Substantiv ist.«[12]

Manche nennen es Einfühlsamkeit, andere fehlende Logik. Doch den Humor, mit dem Rasha das Genus-System beschreibt, bringen viele Flüchtlinge nicht auf. Kaum ein Flüchtling kam in meinen Gesprächen nicht früher oder später auf seinen Kampf mit den drei deutschen Artikeln zu sprechen. »Wenn ich einen falschen Artikel benutze, dann stimmt mein ganzer Satz nicht mehr. Ich merke, wie ich abgestempelt werde, wenn ich wie immer falsch liege: Schon wieder eine, die unsere Sprache nicht kann«, klagt Mayssa. Für ihren Mann war das Genus-System einer der Gründe, warum er das Handtuch schmiss. »Man strengt sich an, versucht sein Bestes zu geben, doch es gibt keine Logik in dieser Sprache. Es ist einfach hoffnungslos.«

Doch Rasha wollte nicht aufgeben. Sie entwickelte ein System: Für sie gibt es kein »der, die, das« mehr, sondern nur noch »maskulin, feminin, bisexuell«. Sie besorgte sich einen Zeichenblock und malte darauf die Wörter so, dass sie ihr grammatisches

Geschlecht deutlich zeigten: eine Orange mit Busen, einen Apfel mit Oberlippenbart, eine Suppe, die Antibabypillen schluckt, Fische und Züge mit einem männlichen Geschlechtsteil. Sie tapezierte ihre Wand mit diesen Wörtern und versuchte, ihre selbst erfundene »Freudsche Philosophie des Genus« unter den anderen Teilnehmenden ihres Integrationskurses zu verbreiten. Ihren Mitschülern erklärte sie etwa: »Natürlich ist die Zitrone weiblich. Ist dir denn nicht aufgefallen, dass die Zitrone empfängt und nicht eindringt? Achte einmal darauf, wie eine Zitrone ausgepresst wird. Der Kopf der Zitronenpresse penetriert die Zitrone.«

Auch für das »Neutrum« entwickelte Rasha eine Lernmethode: Sie beschimpft Wörter mit neutralem Artikel auf sexistische Art und Weise: »Was geht denn bei dir ab, du Scheißbuch! Jetzt entscheide dich doch mal für ein Geschlecht, du!« Rasha versichert, das System habe bei ihr funktioniert. Das Bild eines Apfels mit Oberlippenbart könne man nicht so schnell vergessen, sagte sie lachend.

Auf gut Deutsch

Viele Neuankömmlinge haben in Deutschland ein neues Phänomen kennengelernt: die Volkskrankheit Stress. Hier leidet nahezu jeder Mensch an Stress; es gibt kaum jemanden, der nicht darüber klagt. Entsprechend schnell lernen Geflüchtete das neue Wort: Stress, Stress, Stress. Und während sie das Wort anfangs noch misstrauisch beäugen, bemerken viele wenig später, dass sie es übernehmen, – und zwar spätestens nach ihrem ersten Arztbesuch in Deutschland, wie Mayssa aus Düsseldorf erzählt. Als sie dem Arzt von ihren Symptomen – Schlaflosigkeit, Kopfschmerzen, Konzentrationsschwierigkeiten – berichtet, ist die erste Rückfrage, die bereits eine Art Diagnose beinhaltet: »Haben Sie derzeit sehr viel Stress?« Sie ertappt sich bei einem schuldbewussten Nicken. Ja, der Integrationskurs hat ein beachtliches Tempo, die Kinder finden in der Schule keinen Anschluss, der Mann weigert sich, Deutsch zu lernen, und ist depressiv. Natürlich ist man da gestresst. In der Heimat hörte man das Wort sehr viel seltener. Das Tempo war insgesamt gemächlicher. Und jeder folgte seinem gewohnten Trott aus Arbeit, Hausarbeit oder Schule. An freien Tagen besuchte man die Familie, grillte im Park oder schlenderte durch die Souks. In Deutschland muss man sich ein soziales Leben erst wieder erarbeiten – und natürlich fehlt für viele Aktivitäten das Geld. Aber auch abgesehen von diesem Stress, der mit dem Leben in der Fremde einhergeht, ist das Tempo in Deutschland einfach schneller. Der Leistungsdruck und die Anforderungen sind höher, der Wettbewerb stärker. Wer sich anstrengt, hat gute Chancen, etwas im Leben zu erreichen. In der arabischen Welt ist die Arbeitslosigkeit sehr hoch, Leistung zahlt sich deshalb häufig nicht aus. Stattdessen ist es wichtig, gute Kontakte zu haben, um etwas zu erreichen. Der Rückzug ins Familiäre ist häufig die Folge. Während bei einem deutschen Party-Smalltalk oft die erste Frage ist, was man beruflich mache, wird man in der arabischen Welt gefragt, ob man verheiratet sei und wie viele Kinder man habe.

Das schnelle Tempo des deutschen Alltags spiegelt sich auch in der Sprache wider. Viele Geflüchtete fühlen sich genötigt, sich in der fremden Sprache möglichst kurz zu fassen. Die Überforderung der Ämter führt dazu, dass nicht genügend Zeit für den Einzelfall bleibt, vermutet etwa Mayssa. Die Sachbearbeiter sind entsprechend ungeduldig, doch vielen Arabern fällt es schwer, auf den Punkt zu kommen. Das beliebte arabische Prinzip des Wiederholens lässt sich in Deutschland nicht umsetzen.

In arabischen Schulen war das lange Zeit das Lernprinzip schlechthin: Die Kinder wurden von Anfang an dazu erzogen, neue Informationen zu wiederholen, so lange, bis sie sich alles eingeprägt hatten. Bis heute gilt dort der Satz »Wiederholung bringt sogar dem Esel etwas bei« – die freundlichere Version lautet: »Wiederholung lehrt die Fleißigen.«

Eine befreundete Arabischlehrerin erzählte mir von einem Schlüsselerlebnis mit deutschen Studierenden. Sie habe die Wörter so oft wiederholt, dass ihre Schüler sich irgendwann wunderten und sogar etwas genervt waren. Man sei ja schließlich nicht taub. Seitdem wiederholt sie ein neues Wort, wenn überhaupt, lediglich zweimal.

Auch auf deutschen Ämtern macht man sich jedoch nicht gerade beliebt, wenn man das Gesagte ständig wiederholt. Wiederholungen führen zu Gereiztheit auf der einen und somit Stress auf der anderen Seite. Dass Generationen von arabischen Muttersprachlern mit dem Wiederholen als Lernprinzip aufgewachsen sind und diese Gewohnheit nicht vom einen auf den anderen Tag ablegen können, wissen hier viele nicht.

Im Deutschen gibt es zahlreiche Ausdrücke und Wendungen dafür, sich möglichst knapp und präzise auszudrücken: etwas auf den Punkt bringen, auf den Punkt kommen, die Karten offen auf den Tisch legen, kein Blatt vor den Mund nehmen, (mit etwas) nicht hinterm Berg halten, das Kind beim Namen nennen, eine klare Ansage machen, Klartext reden, nicht drumherum oder lange um den heißen Brei herumreden, reinen Wein einschenken, Tacheles reden, zur Sache kommen. Am signifikantesten ist in diesem Zusammenhang die Wendung »auf gut Deutsch gesagt«. Es scheint nicht nur typisch deutsch zu sein, deutlich und präzise zu sprechen, sondern eben auch offen und direkt. Ganz anders ist es im Arabischen. Das Prinzip »In der Kürze liegt die Würze«

gibt es dort so nicht. Man wiederholt Aussagen gern, um sich zu vergewissern. Wenn Araber zum Beispiel einen Termin vereinbaren, müssen sie sich gegenseitig von der Ernsthaftigkeit der Abmachung überzeugen – denn Ungenauigkeit und Hinhalte-Taktiken sind arabische (Sprach-)Spezialitäten.

Das Drehen-und-Wenden-Prinzip

Statt Dinge direkt und ohne Umschweife anzusprechen, reden Araber gern um den heißen Brei herum – unter Einsatz eines pointierten Tonfalls oder ausdrucksstarken Schweigens. Sehr beliebt ist das »Drehen-und-Wenden«-Prinzip, eine arabische Umschreibung für das weit verbreitete Drumherumreden, zum Beispiel wenn man über Krankheiten spricht. Wenn jemand Aids hat, sagt man einfach nur: »Er ist krank, möge Allah uns alle heilen.« Wenn jemand an Krebs erkrankt ist, dann sagt man, er hat »du weißt schon was«. Krankheiten werden nicht laut ausgesprochen, das mag auch am weit verbreiteten Aberglauben liegen. Man befürchtet offenbar, sich allein vom Aussprechen anzustecken.

Diese Eigenart, nicht klar zu sagen, was man meint, führt oft dazu, dass ein deutsches Gegenüber gar nicht versteht, worum es geht. Hinzu kommt, dass Araber häufig eine »Hidden Agenda« haben. Sie erzählen etwas, ohne dass der oder die Deutsche versteht, warum ihm diese oder jene Geschichte erzählt wird. Häufig entwerfen Araber einen dramatischen Vorspann für eine Bitte, die sie vorbringen wollen, und legen dabei sehr viel Wert auf Eloquenz und Rhetorik.

Ein Beispiel: Ein Mann möchte seinen Kumpel bitten, ihm sein Auto zu leihen. Da er ihn nie geradeheraus fragen würde, klagt er ihm stattdessen sein Leid: Sein Bruder habe das eigene Auto gestern zu Schrott gefahren, nachdem auf dem Rücksitz ein

Streit zwischen dessen Kindern ausgebrochen sei (dazu benutzt er eine Floskel wie »Möge Allah sie dafür zur Rechenschaft ziehen!«), er habe sich nur kurz umgedreht, um zu schlichten, und sei dann in ein parkendes Auto gekracht. Dabei brauche er das Auto gerade heute so dringend, seine Mutter habe sich ihr rechtes Bein gebrochen und müsse zur Untersuchung ins Krankenhaus gefahren werden. Zu allem Überfluss habe sich auch noch Verwandtschaft aus der Heimat angekündigt, die man vom Flughafen abholen müsse. Zuvor müsse man allerdings noch einen Großeinkauf erledigen, denn wie würde man sonst vor seinen Gästen dastehen? (Stichwort Gastfreundschaft.) Nach diesen Ausführungen hat der Kumpel zwei Möglichkeiten: Entweder er stellt sich dumm und sagt so etwas wie: »Oh, das ist ja echt Pech für dich«, oder »Hol dir einen Mietwagen« (sehr pragmatisch!) oder er kommt darauf, dass sein Freund ihm all das nur erzählt hat, um sein Auto auszuleihen. Direkt zu fragen würde bedeuten, sich eine Blöße zu geben. Es kann zwar passieren, dass man alles umsonst erzählt hat, aber das ist immer noch besser, als sich eine Abfuhr zu holen.

Kritik – aber bitte in Watte

Wie ich eingangs erzählte, fällt es mir leichter, auf Arabisch zu loben als auf Deutsch. Das liegt auch daran, dass Araber zum Komplimentemachen erzogen (teilweise gezwungen) werden und Deutsche gefühlt sehr gerne kritisieren. »Nicht geschimpft ist genug gelobt!«, sagen die sparsamen Schwaben. Tatsächlich scheint in Deutschland die Kultur des Kritisierens sehr viel intensiver gepflegt zu werden als die des Lobens. Hierzulande gibt es Coachings für eine »gesunde Kritik-Kultur«, die einem helfen, sich ständig zu überprüfen und zu verbessern. Seit einigen Jahren überrollt Verbraucher zudem eine wahre Feedback-Welle: Kaum ein Restaurant oder Hotel verschont den Gast mit einer anschließenden Mail plus Bewertungslink. Das alles soll zur Optimierung der Leistungen führen. Dabei wird aber oft vergessen, dass auch Lob zu besseren Leistungen motiviert – und einfach mal guttut.

In vielen arabischen Ländern dagegen ist das Loben und Beifall-Klatschen den Menschen in Fleisch und Blut übergegangen. Auch Khalid musste in seiner Kindheit regelmäßig klatschen, und zwar immer dann, wenn die Jugendorganisation der Baath-Partei eine verpflichtende Veranstaltung für Schulkinder organisierte. Dort lernte man bis zur sechsten Klasse, wie man für den Führer singt, musiziert, zeichnet und Gedichte verfasst – und eben auch applaudiert. Immer wenn der Name des Führers genannt wurde, klatschte man automatisch stürmischen Beifall. In den Zeitungen oder im Fernsehen hieß es entsprechend häufig, dass »der sehr geehrte Präsident unter jubelndem Beifall empfangen wurde«.

Die Angewohnheit, eher zuzustimmen als abzulehnen, begeistert zu sein, statt offen Kritik zu üben, haben die Geflüchteten mit nach Deutschland gebracht. Mehrere Deutschlehrerinnen erzählten mir von ihren Erfahrungen mit ihren Kursteilnehmern. Man möchte meinen, dass ein anonymer Evaluationsbogen auch den kritikscheuesten Menschen zu ehrlicher Kritik bewegt. Doch Fehlanzeige. Vielen Neuankömmlingen fällt es sehr schwer, Feedback zu geben – sie sind es nicht gewohnt, nach ihrer Meinung gefragt zu werden und diese auch offen zu sagen. Ihnen fällt es wesentlich leichter zu schmeicheln. Die aus Marokko stammende Sanaa Badri arbeitet als Deutschlehrerin in Bochum. Sie hört immer wieder von Geflüchteten, die sich über Lehrer beschweren – allerdings nur, wenn sie unter sich sind. Sobald ihnen die Möglichkeit gegeben wird, ihre Kritik offen zu äußern und so aktiv etwas zur Veränderung beizutragen, schweigen sie. Auf einem Fragebogen dürfen sie Kreuze machen: »Trifft zu« oder »trifft nicht zu«. Doch einige von ihnen geben den Fragebogen leer wieder ab oder kreuzen nur positive Punkte an. Was nicht daran liegt, dass sie ihn nicht verstanden haben, wie Sanaa erzählt. Der Fragebogen ist auf Arabisch übersetzt. »Doch viele verstehen nicht, dass es ihr Recht ist, die Lehrer zu kritisieren. Sie sagen: »*Haram* (»verboten«, hier im Sinne von »das geht/gehört sich nicht«), ich kann ihn doch nicht schlecht aussehen lassen.« Hinzu kommt, dass man dem fremden Evaluationsbogen einfach nicht vertraut – wie kann es sein, dass eine Autorität ernsthaft infrage gestellt werden darf und das sogar ganz gezielt eingefordert wird? Dahinter könne doch nichts Gutes lauern. Auch hier spielt das Obrigkeitsdenken eine große Rolle. Kritik wird häufig als Respektlosigkeit verstanden – auch wenn es viel zu kritisieren gäbe.

Viele Flüchtlinge scheinen die Befürchtung zu haben, mit ihrer Kritik einen Konflikt auszulösen, jemanden in Schwierigkeiten zu bringen, der dann im schlimmsten Fall gekündigt wird. Es gilt die Redewendung »Lieber den Kopf verlieren als seinen Job«. Die Arbeitsstelle und somit seinen Lebensunterhalt zu verlieren, das wünscht man nicht mal seinem schlimmsten Feind. Denn *ar-rizk* (»Lebensunterhalt, tägliches Brot, Einkünfte«) wird im Islam als Gottes Wohltat verstanden. Allah trägt deshalb auch den Beinamen *ar-razzak*, »der Gewährer des Lebensunterhaltes«, »der Ernährer«. Auch im Koran wird *ar-rizk* mehrmals erwähnt: »Kein Lebewesen gibt es auf Erden, dessen Versorgung Ihm nicht obläge; und Er kennt seinen Aufenthaltsort und seinen Ruheplatz. Alles ist klar verzeichnet.« (Sure 11:6)

Würde man dazu beitragen, die Lebensgrundlage (in diesem Fall des Lehrers) zu gefährden, würde man nach diesem Verständnis gegen Gottes Willen verstoßen. Auch deshalb scheuen sich viele davor, Kritik zu üben. Wer lobt, ist hingegen immer auf der sicheren Seite. »Viele Flüchtlinge sagen mir, sie möchten niemanden in eine Situation bringen, in die sie auch nicht gebracht werden möchten«, erzählt Sanaa. Bei Auseinandersetzungen, wenn sie denn unvermeidbar sind, versuchen sie stets, die Tür ein wenig angelehnt zu lassen und nie ganz zuzustoßen, so dass der Kontakt nicht komplett abbricht und eine Versöhnung nicht unmöglich wird. Auch deshalb strotzt das Arabische nur so vor verbalen Höflichkeitshäppchen, die zu jedem Anlass gereicht werden, wie das folgende Kapitel zeigt.

DIE SPRACHE DER LIEBE
Warum Araber so blumig sprechen

Hand aufs Herz: Wer würde im 21. Jahrhundert schon vermuten, dass das Arabische – das man, wenn überhaupt, von Bekennervideos bärtiger Terroristen kennt – auch eine sehr romantische Seite hat? Diese Tatsache scheint genauso wenig bekannt wie Goethes Begeisterung für die arabischsprachige Dichtung.

Der arabische Vorläufer von Romeo und Julia, dem wohl bekanntesten Liebespaar der Welt, heißt »Abla wa Antar«. Das vorislamische Werk ist im Westen zwar kaum bekannt, prägte in der arabischen Welt allerdings zahllose Generationen bis heute. Khalid und Lina kamen in unseren Gesprächen über die Sprache immer wieder auf die arabische Erzählkunst zu sprechen. Gleich beim ersten Treffen rezitierte Khalid einen der ältesten altarabischen Dichter, Imru al-Qais, und schwärmte von dessen Wortkunst. Hierzulande kennt man die orientalische Erzählkunst vor allem aus einem Klassiker der Weltliteratur: »Tausendundeine Nacht«. Doch bei der Übersetzung aus dem Arabischen ins Deutsche verschwanden viele stilistische Charakterzüge, wie die Arabistin Claudia Ott schreibt. »Das arabische Tausendundeine Nacht besticht durch den lebhaften Kontrast der verschiedenen Sprach- und Stilebenen: flotte und schlichte Erzählsprache, kunstvoll ausgefeilte Reimprosa-Passagen und klangvolle Gedichte im klassischen arabischen Reim und Versmaß. Die meisten europäischen Übertragungen verzichteten jedoch auf die Gedichte, die den Spannungsverlauf der Geschichte eher zu stören schienen.«[13]

Auch Größen der deutschen Literaturgeschichte wie Heinrich Heine und Johann Wolfgang von Goethe ließen sich von arabischen Dichtern und Stilelementen beeinflussen. Blickt man auf die frühe Dichtkunst – aber durchaus auch auf die jüngere –, so begreift man ein wenig davon, warum Menschen mit dieser Sprachtradition bis heute großen Wert auf Romantik legen.

Poesie in die Wiege gelegt

Bereits im 6. Jahrhundert, also in der vorislamischen Zeit, spielten Gedichte eine große Rolle für die Beduinen auf der Arabischen Halbinsel. Mekka war nicht nur eine lebendige Handelsstadt und ein Wallfahrtsort, sondern auch eine Stätte der Dichtung und Literatur. Arabische Stämme schickten ihre begabtesten Dichter in die Stadt, wo sie in öffentlichen Dichterwettbewerben ihre neuesten Meisterwerke vortrugen. Die älteste erhaltene Gedichtsammlung nennt sich *mu'allaqat*, was »die Hängenden« bedeutet. Der Legende nach stammt der Name von der Tradition, die sieben schönsten Gedichte in goldenen Buchstaben an den Pforten der Kaaba anzubringen.

Die gängige Gedichtform der damaligen Zeit war die »Kasside« (vom arabischen Wort *qasada,* »etwas beabsichtigen, ein Ziel verfolgen«) mit einem immer ähnlichen Aufbau und einer ähnlichen Botschaft. Da das nomadenhafte Leben der Beduinen von ständigen Abschieden gezeichnet war, spielte die Trauer über den Abschied von der Geliebten eine zentrale Rolle: Mit dem *nasib*-Motiv (Liebesklage) erinnern sich die Dichter in einer wehmütigen Rückschau an das verlorene Glück. Goethes Übersetzung einer Kasside von Imru al-Qais, einem der bekanntesten Vertreter der vorislamischen Poesie, vermittelt einen Eindruck davon:

> »Haltet lasst uns hier an der Stelle der Erinnerung weinen
> Dort wars, am Rande des geschwungen sandigen Hügels
> Dort stand ihr Zelt umher das Lager.
> Noch sind die Spuren nicht völlig verloschen
> So sehr auch der Nordwind und der Südwind
> Den stiebenden Sand durcheinander gewoben.
> Und mir zur Seite hielten die Gefährten still
> Und sprachen vergeh nicht in Verzweiflung sey gedultig.«[14]

Imru al-Qais erzählt vom verlassenen Lagerplatz und seiner zurückgelassenen Liebe – der typische Anfang einer vorislamischen Kasside. Häufig erscheint dem Dichter die Geliebte im Traum und er erinnert sich an eine Reihe erotischer Abenteuer mit ihr, bevor er sie am Morgen verlassen muss. Im weiteren Verlauf des Gedichts schöpfen die Dichter aus einem reichen Fundus an Mustern und Motiven: Sie beschreiben einen langen Kamel- oder Pferderitt durch die endlosen Weiten der Wüste mit ihrer vielfältigen Tier- und Pflanzenwelt. Danach kommt der Dichter zu seinem eigentlichen Anliegen: Er glorifiziert den eigenen Stamm, seinen Herrscher oder die eigene Kunst und schmäht die Feinde. Häufig endet das Gedicht mit einem moralischen Leitspruch.

Die Kassiden-Form verbreitete sich mit der Expansion der arabisch-islamischen Kultur auch weit über die Arabische Halbinsel hinaus bis nach Persien, wo sie sich weiterentwickelte. Hier gelangte die Ghasal-Dichtung, eine kürzere Form der Liebespoesie und des erotischen Sprechens, durch Dichter wie Rumi (13. Jahrhundert) und Hafis (14. Jahrhundert) zur Blüte.

Deutsch-arabische Symbiose

Goethe war von der Beduinenlyrik offenbar so beeindruckt, dass er im »West-östlichen Divan« die kühne Behauptung aufstellte, alle, welche sich der arabischen und verwandter Sprachen bedienten, seien »schon als Poeten geboren und erzogen«[15] worden. Auch Johann Gottfried Herder lobte in seinem Werk »Wirkung der arabischen Reiche« die früharabische Poesie: »Kein Volk kann sich rühmen, so viele leidenschaftliche Beförderer der Poesie gehabt zu haben als die Araber in ihren schönen Zeiten.«[16]

Heinrich Heine integrierte in seine Tragödie »Almansor« (Der Siegreiche) sogar altarabische Motive. Eines davon nennt sich »Das Stehen/Innehalten an den Ruinen«: Der Dichter lässt seinen Protagonisten (hier: Maure al-Mansor) an den Ort der Zerstörung (den Palast seines Vaters) zurückkehren. Dort erinnert er sich an die Vergangenheit und verfasst seine wehmütigen Verse. Auch in Heines »Buch der Lieder« wird der Einfluss der arabischen Dichtung deutlich. Er benennt ihn sogar selbst in einem Brief vom April 1822:

> »Sobald sich mein Gesundheitszustand verbessert hat, werde ich Deutschland verlassen und nach Arabien fahren, wo ich das Leben eines Nomaden führen werde. Ich werde mich wie ein Mensch im wahrsten Sinne des Wortes fühlen (...) und Gedichte so schön wie die Muallaqat verfassen. Ich werde mich auf den heiligen Stein setzen, auf dem Madschnun gesessen und sich nach Leila gesehnt hat.«[17]

Damit nimmt Heine Bezug auf eines der bekanntesten Liebesdramen der arabischen Poesie »Madschnun Laila« (der von Laila Besessene). Auch diese Geschichte, deren früheste Bearbeitung aus der zweiten Hälfte des 7. Jahrhunderts stammt, beschäftigt sich mit dem Thema der unerfüllte Liebe – rund 1000 Jahre vor »Romeo und Julia«. Je nach Überlieferung kennen sich Qais und Laila seit Kindertagen oder sie treffen sich zufällig auf einem Fest. Sie verlieben sich ineinander, doch Lailas Eltern zwingen ihre Tochter, den Kontakt zu ihm abzubrechen und verhindern jedes Treffen zwischen den beiden. Der junge Mann wird wahnsinnig vor Liebe, weshalb man ihn *madschnun laila* nennt, den von Laila Besessenen. Geplagt vom Trennungsschmerz zieht es Qais in die Wüste, wo er seine unerfüllte Liebe in Gedichten ausdrückt. Die Geschichte wurde in allen Sprachen des Orients immer wieder aufgegriffen, vor allem die persische Version des Dichters Nizami (12. Jahrhundert) wurde weltberühmt. Auch Goethe ließ sich davon inspirieren, und in neuerer Zeit war es der berühmte Bluesgitarrist Eric Clapton, der Motive aus dieser Liebesgeschichte in seinem Song »Layla« aufgriff. »Layla« war einer der meistgespielten Rocksongs der 1970er Jahre.

Seit dem 19. Jahrhundert wurde die Form der Ghasal-Dichtung von deutschsprachigen Dichtern aufgenommen, darunter August von Platen, Gottfried Keller und Theodor Storm. Vor allem aber Friedrich Rückert übersetzte arabische Dichtung sowie den Koran ins Deutsche. Er wollte, dass sich Menschen aller Kulturen und Religionen verstehen lernen. Und das schaffe man am besten durch Literatur: Wenn Menschen die Gedichte anderer Völker lesen, dann erhalten sie Einblick in deren Lebensgefühl. Die fremde Kultur wird somit ein Teil ihrer selbst.

> »Mit jeder Sprache mehr, die du erlernst, befreist / Du einen bisdaher in dir gebundnen Geist, / Der jetzo thätig wird mit eigner Denkverbindung / Dir aufschließt unbekannt geweßne Weltempfindung.«[18]

Die arabische Poesie heute

Diese kollektive poetische Tradition wirkt bis in die moderne Zeit hinein. So legen Araber großen Wert auf Wortgewandtheit und Ausdrucksreichtum. Das arabische Wort für »Stilkunst« oder »Wortkunst« hat die gleiche Wurzel wie das Wort für »Reife« und »Übertreibung«. So sind Eloquenz und Übertreibung in der arabischen Kommunikation und Rhetorik eng miteinander verbunden. Arabern dient die Sprache nicht nur zur Verständigung. Sie ist für sie eine schöngeistige Kunst, die Menschen erfreuen und in ihren Bann ziehen kann. Auch in der Politik wird deshalb Wert auf schöne Formulierungen gelegt. Für Araber sind sie manchmal wichtiger als der Inhalt. Der Sprache gelingt es deshalb nicht nur, ihre Zuhörer zu begeistern, sondern auch, sie zu täuschen.

Mittlerweile wird die arabische Dichtkunst sogar für Propagandazwecke autoritärer Regime missbraucht: In Form von Kassiden werden wie in altarabischer Zeit Feinde geschmäht und Regierende gepriesen. Gleichzeitig leidet unter den Diktaturen auch die schöpferische Sprache: Die politische und religiöse Zensur führt dazu, dass die Debattenkultur ausstirbt. Politische Räume für öffentliche Diskussionen über Freiheit und Meinungsvielfalt fehlen zunehmend. Das hat unmittelbaren Einfluss auf die Sprachkultur: Ein freies kulturelles und literarisches Leben ist in vielen arabischen Diktaturen nicht mehr möglich. Arabische Intellektuelle wie der syrische Lyriker Adonis sprechen gar von der Verarmung und Verkümmerung der arabischen Sprache. Hinzu kommen die Verarmung der Bevölkerung und der daraus resultierende Mangel an Bildung: Nur noch wenige erlernen die arabische Sprache in all ihren Ausdrucksfacetten und ihrer grammatikalischen Komplexität. In arabischen Ländern wie Jemen, Sudan, Marokko oder Ägypten ist die Analphabetenrate besonders hoch.

Dennoch spielt die Poesie in einigen Bereichen des öffentlichen Lebens noch immer eine bedeutende Rolle, vor allem wegen der engen Verbindung von Musik und Poesie. So funktionieren arabische Gedichte auch als Songtexte: In der jüngeren Geschichte zelebrierte vor allem die ägyptische Sängerin Umm Kulthum, die 1975 in Kairo starb, die arabische Liebeslyrik in ihren Liedern. Umm Kulthums Markenzeichen war ein weißes Taschentuch, mit dem sie sich manches Mal eine Träne wegwischte. Wenn sie über eine Stunde lang Kassiden über die Liebe sang, begleitet von orientalischer Instrumentalmusik, dann stand das öffentliche Leben still: Notwendige Einkäufe und Besuche wurden so gelegt, dass man in der Nähe eines Radios war, Ladenbesitzer mussten das Radio lauter drehen, um ihre Kundschaft nicht zu verlieren.

Ihre Lieder schaffen es bis heute, gestandene Männer mit Schnauzer (ich kann es beweisen, mein Onkel ist einer von ihnen!) zum Weinen zu bringen, gefolgt von einem tiefen Seufzer und einem lauten »Aaah!« (Araber seufzen übrigens sehr gerne). Für dieses »Aaah!«, diesen ganz besonderen Rauschzustand, gibt es sogar ein eigenes Wort: *Tarab* bedeutet »schmerzlich oder freudig bewegt sein«. Es meint das Wechselbad der Gefühle, das die Zuhörer durchleben, wenn sie einer Sängerin wie Umm Kulthum und ihrem Ensemble lauschen. Erst sind sie begeistert, dann gerührt, dann entzückt und schließlich schmerzlich bewegt. Auf früheren Filmaufnahmen kann man erkennen, dass einige Zuschauer aufstehen und jubeln, während andere ihre Tränen mit einem Taschentuch trocknen. Je nach Stimmung des Publikums entscheidet die Sängerin, ob sie eine Passage noch einmal wiederholt, um den Intensitätsgrad des *tarab* zu steigern.

Als Kind war es für mich ein Erlebnis, meine ägyptische Oma beim Zuhören dieser Musik zu beobachten, da ihre Gefühle nicht vorauszusehen waren: Manchmal weinte sie, manchmal seufzte sie, manchmal schnalzte sie mit der Zunge, trauerte um die guten, alten Tage und manchmal klatschte sie vor lauter Entzücken. Kurzum: *Tarab* ist das, was der Zuschauer daraus macht.

Als die Sängerin starb, versammelten sich mehrere Millionen Trauernde auf den Straßen Kairos, um von ihr Abschied zu nehmen. Bis heute lassen ihre Texte kaum jemanden unberührt. In einem sehr bekannten Song »Amal Hayati« (Hoffnung meines Lebens) singt sie: »Ich würde gerne nach Dir rufen, mit einem Wort, mit dem noch nie jemand gerufen wurde. Ein Wort, das all der Liebe, die ich für Dich empfinde, würdig ist. Ein Wort, das meine Sehnsucht, meine Leidenschaft, beschreibt. Ein Wort, das ist wie Du. Aber wie soll das gehen? Jemand wie Du wurde doch noch gar nicht erschaffen. Wenn Du bei mir bist, fällt es mir so schwer zu blinzeln, wenn auch nur für eine Sekunde, denn dann würden Deine Schönheit und Deine Anmut für einen kurzen Moment verschwinden. Lass mich bei Dir sein, im Schoß Deines Herzens!«

Auch in den letzten Jahrzehnten blieb die Verbindung zwischen Musik und Poesie bestehen: Der irakische Sänger Kazem al-Saher, der als »Elvis des Nahen Ostens« gilt, singt bis heute Verse des bekannten syrischen Dichters Nizar Qabbani, der 1998 verstarb. Ebenso die libanesische Sängerin Majda al-Roumi.

Nicht zuletzt gibt es am Arabischen Golf ein Pendant zu hiesigen Castingshows wie »Deutschland sucht den Superstar« oder »The Voice« – nur dass es in »Million's Poet« um die Kunst der Poesie geht. Derjenige, der die besten Worte findet, sie am eindrucksvollsten vorträgt und das Publikum am stärksten bewegt, gewinnt den renommierten Dichterwettbewerb und eine Million Dollar. Besonders die Nabati-Dichtung ist beliebt, die auch »Volkspoesie« oder »Beduinenpoesie« genannt wird.

Drama, Baby

Aus dieser Kultur kommend halten viele der Neuankömmlinge die deutsche Sprache für unromantisch. Nun muss man eine Sprache recht gut beherrschen, um ihre Schönheit und ihre Dichtkunst zu erkennen, was das harsche Urteil lindern mag. So gibt auch Rasha zu, dass sie die deutsche Literatur noch zu wenig kenne, um abschließend urteilen zu können. Es sind eher punktuelle Wahrnehmungen im Sprachalltag, die zu Irritationen und zu einem negativen Urteil führen.

Tatsache ist: Wer heute aus einem arabischen Land nach Deutschland reist, erlebt nach einem Kulturschock auch oft einen Sprachschock: Denn was in der Heimat als Ausdruck aufrichtiger Emotionen galt, wird hier als »melodramatisch« abgetan und gern mit leichter Überheblichkeit weggezwinkert. Dabei gab es auch in Deutschland eine Zeit der verbalen Liebkosungen, zum Beispiel als Klassengesellschaften Liebesbeziehungen ungleicher Partner den Riegel vorschoben. Die Liebeslyrik der Minnesänger erinnerte mich schon damals im Deutschunterricht an die bis heute anhaltende arabische Liebes-Besessenheit. In der höfischen Kultur des Mittelalters verliebte sich ein Ritter in eine meist höherstehende Dame und verlieh seiner unerfüllten Liebe durch Lieder Ausdruck. Oft wurde diese sogenannte »hohe Minne« personifiziert; sie galt als übernatürliche Macht, die den Menschen überwältigt, angelehnt an das Motiv des pfeilschießenden Liebesgottes Amor, der sich die Herzen, die er treffen wollte, selbst auswählte.

Die Art, wie über Liebe gesprochen wird, ist auch immer ein Zeugnis davon, wie es um eine Gesellschaft bestellt ist. Mittlerweile ist hierzulande das öffentliche Schmachten passé. Die gefühlte Grenze zum Kitsch gilt schon bei minimalen Gefühlsäußerungen als überschritten. Das liegt vor allem daran, dass sich die sozialen und gesellschaftlichen Rahmenbedingungen verändert haben: Wenn zwei Liebende beschließen, zusammenzuleben, dann tun sie das meistens auch. Auch wenn sie nur kurz zusammen sind, müssen sie keine Konsequenzen fürchten. Die Folge: Das große Drama (im arabischen Raum *die* kreative Schöpfungsquelle) bleibt häufiger aus. Die Freiheit in der Liebe hat die Art, über Gefühle zu reden, verändert.

In der arabischen Welt ist die gesellschaftliche Situation bis heute stark von Tradition und patriarchalischen Strukturen geprägt. Die Liebe ist immer noch von äußeren Zwängen abhängig, wenn auch nicht von Ständen und Dynastien (abgesehen von einigen Königshäusern in der Region), sondern vor allem von den Wünschen der Familien. Wenn Großeltern oder Eltern einen Heiratskandidaten ablehnen, fügen sich die Kinder meistens, denn sie wollen nicht auf den Segen (*barakah*) ihrer Eltern verzichten, wenn sie heiraten. Das Wort des Älteren wiegt schwer – dagegen aufzubegehren bedeutet nicht selten einen Bruch mit der gesamten Familie, den viele scheuen. Doch Liebesbeziehungen können auch aus wirtschaftlichen Gründen scheitern, wenn der Mann zum Beispiel keine Wohnung mieten oder kaufen kann, kein regelmäßiges Einkommen hat oder keine Brautgabe aufbringen kann. Auch gesellschaftliche Gründe spielen eine Rolle: Der Mann hat im Gegensatz zur Frau keinen Studienabschluss oder seine Eltern sind geschieden, der Vater lebt in den Emiraten, die Mutter ist alleinerziehend, man möchte aber in eine »harmonische« Familie einheiraten. Es gibt also etliche Gründe, warum Liebesbeziehungen scheitern können. Deshalb ist das Motiv der unerfüllten Liebe (wie schon zu Zeiten der Beduinen) eines der Hauptthemen der zeitgenössischen Film- und Musikindustrie, was sich natürlich auch in der Alltagssprache widerspiegelt.

Araber haben also immer genügend Stoff fürs Schmachten und hartnäckiges Werben – und fürs Drama. Im Fastenmonat Ramadan jagt im Fernsehen ein Serien-Drama das nächste.

Eine der bekanntesten zeitgenössischen Schriftsteller der arabischen Welt, der Ägypter Nagib Mahfuz, der als einziger Araber den Literaturnobelpreis erhielt, schrieb einmal: »In meiner Generation war die Welt der Männer und der Frauen noch streng getrennt. Es gab so gut wie keine Möglichkeit der Begegnung zwischen den Geschlechtern. Wir kannten nur die romantische Liebe, ohne direkten Kontakt – die typisch arabische verrückte Liebe, wie sie in der berühmten Geschichte von ›Laila und Madschnun‹ beschrieben ist. Es war die Liebe aus der Distanz, und die Energien, die aus diesen starken Gefühlen entstanden, wurden umgesetzt in Literatur, in Liebesgedichte. Die wirkliche Begegnung mit dem anderen Geschlecht, mit einer Frau, fand erst in der Ehe statt; und die Realität des Lebens hielt natürlich den romantischen Liebes-Phantasien fast nie stand. Ich habe erst mit vierzig geheiratet – also in einer Phase, in der – neben der Zuneigung – auch schon ein wenig Verstand im Spiel war.«[19]

Da körperliche Beziehungen vor der Ehe in vielen arabischen Gesellschaften offiziell immer noch ein No-Go sind, kompensieren die Liebenden ihre Emotionen durch Worte. Khalid vergleicht die Situation mit einer Plastiktüte voll Wasser: Je enger man sie greift, desto größer ist die Wahrscheinlichkeit, dass sie platzt. Einzelne Wassertropfen werden so oder so ihren Weg nach draußen finden, da kann die Plastiktüte noch so robust sein. Die einzelnen Wassertropfen, das sind Liebeslieder, Liebesgedichte – oder eben auch Liebesnachrichten auf WhatsApp.

All das beeinflusst die arabische Alltagssprache: Wenn die Liebe eine so große Rolle spielt, darf es nicht nur einen Begriff dafür geben. Der Klassiker »al-hub« hat deshalb etwa 100 Synonyme. Liebe kann leidenschaftlich, unerfüllt, zermürbend oder erfüllend sein – für jede Nuance findet man etwas in der Sprachschublade des Arabischen. Man kramt einfach so lange, bis man glaubt, genau die richtige Gefühlslage getroffen zu haben.

Lieben und Flirten im Alltag

Als Khalid nach Berlin kam, wunderte er sich über die vielen Zärtlichkeiten, die in der Öffentlichkeit ausgetauscht werden. Das gibt es in vielen arabischen Ländern nicht. Doch Khalid war nicht nur irritiert. Er, der sprachaffine Journalist, fragte sich auch: »Welche Worte gehen diesen Verführungen voraus? Wie reden sie miteinander? Wie nennen sie sich?« Über die Liebe muss geredet werden, denn »der Liebende stirbt, wenn er schweigt«, sagte schon Abu Bakr Al-Shibli, ein Sufi, der im 9. Jahrhundert lebte. Das findet auch Khalid. Aber für ihn funktioniert Liebesgeflüster auf syrische Art nur im Privaten. »Wir flüstern Liebesworte durch Türritzen hindurch, laut und auf der Straße ausgesprochen verlieren unsere Worte ihre Magie.«

So wünscht ein Araber seiner Liebsten nicht einfach einen »Guten Morgen«, sondern einen »Morgen voller frisch aufgeschlagener Sahne« oder einen »Morgen voller Jasminblüten« – oder etwas anderes, was gut riecht und eine Menge Kalorien hat. Über die Lippen von Liebenden kommen Kosenamen wie »Mein Augenlicht«, »Du Zwilling meiner Seele« oder »Du Krone meines Hauptes«. Und das löst beim Gegenüber keineswegs ein Augenrollen aus, hinterlässt keinen schleimigen Nachgeschmack oder weckt Misstrauen. In Deutschland würde man bei so viel Kitsch dem anderen einen Vogel zeigen. In arabischen Ländern ist das mittelmäßiger Standard. »Ich war so erstaunt, als ich merkte, dass in Deutschland Tiernamen besonders beliebte Kosenamen sind«, erzählt Khalid. »Und was für welche!« »Wie kann man seine Geliebte nur ›Maus‹ nennen?«, fragt sich auch Mayssa. »Das Tier ist klein, grau und schmutzig. Ich sehe Mäuse nur dann, wenn ich auf die Bahn warte und sie in den Gleisen herumspringen. Warum soll das ein Kompliment sein, wenn ich damit verglichen werde?«, fragt sie und schüttelt angewidert den Kopf. Dazu muss man wissen, dass es im Nahen Osten weniger verbreitet ist, Haustiere zu halten. Stattdessen streunen viele Tiere herum, haben Krankheiten, sind schmutzig und ernähren sich häufig von Müll. Tierheime gibt es dort nur vereinzelt. Deshalb hat man häufig ein eher distanziertes Verhältnis zu Tieren und assoziiert mit ihnen nicht etwas Süßes oder Liebliches.

Wenn arabische Verliebte doch auf Tiernamen zurückgreifen, handelt es sich stets um anmutige oder besonders putzige Geschöpfe. »Meine Gazelle« ist ein vielbenutzter Kosename oder *katkut*, »mein kleines Küken«. Häufiger aber nennt man seine Geliebte »Du Seele meines Herzens«, »Du Licht meiner Augen« oder »Du Hoffnung meines Lebens«. Im Alltag genügt aber häufig auch *habibi* (»Schatz« zu einem Mann) oder *habibti* (zu einer Frau).

Für Mayssa ist die arabische Sprache ein »Rettungsanker für Beziehungsprobleme«. Wenn sie mit ihrem Mann streite, seien es oft romantische Worte, Beteuerungen und Komplimente, die sie wieder zueinander führen. Im Arabischen habe man das Gefühl, man werde von der Sprache »umarmt«, sagte auch Lina einmal. Es sei eine warme, freundliche Umarmung, von der man sich nie mehr lösen wolle. Ihre Beschreibungen erinnern an Rafik Schamis Begriff des »Sprachhauses«. Man könnte also sagen: Im arabischen Sprachhaus ist immer ordentlich geheizt.

Eine skurrile Eigenheit des syrischen Dialekts ist es, dass der Tod beim Flirten und Komplimentemachen eine wichtige Rolle spielt. Frei nach dem Motto: Etwas Melodramatik kann ja nicht

schaden! So gibt es mehrere – für deutsche Ohren sehr bizarre –
Aussprüche, die vor allem Damaszener gerne benutzen:

تقبرني

Tu(q)burni: »Mögest du mich begraben«, was so viel bedeutet wie
»Möge ich vor dir sterben, damit ich nicht ansehen muss, wie du
stirbst, und keinen Tag ohne dich leben muss«.

تشكل آسي

Tashkal assy: »Stelle mir meine Grabblumen zusammen.« In Lang-
form bedeutet dies: »Ach, möge ich doch vor meinem Geliebten
oder meinem Ehemann sterben, sodass er eine Blume auf mein
Grab legen kann.«

توّبشني

Toboshni: »Mögest du meine Augen zudrücken (wörtlich: meine
Körperöffnungen mit Watte zudecken), wenn ich gestorben bin.«
Diese Formulierung wird vor allem dann verwendet, wenn man
jemanden besonders süß findet.

Diese Wendungen geben nicht zuletzt Aufschluss darüber, wie
Araber über den Tod denken. Adonis, ein syrischer Intellektu
eller (*1930), sagte einmal, der Westen könne vom Orient die
Gleichgültigkeit gegenüber dem Tod lernen. Auch Rasha Abbas
fällt auf, dass Araber einen anderen Bezug zum Thema Sterben
haben als Deutsche. Wenn sie makabre Witze macht, reagieren
viele Deutsche mit Befremden. Doch für sie ist es selbstverständlich, das Leben nicht allzu ernst zu nehmen. »Vielleicht liegt es
daran, dass die Gesellschaft stark von der Religion geprägt ist, sei
es vom Islam oder vom Christentum. Man hat nicht nur eine phy-
sische Sicht auf den Tod, sondern eben auch eine religiöse.« Der
Tod gehöre nun mal dazu, deshalb sei es auch normal, ihn in den
Liebeswortschatz einzubeziehen, um die Intensität zu steigern.

Doch nicht nur die Art, Komplimente zu machen, unterscheidet sich von Sprache zu Sprache oder von Kultur zu Kultur. Auch die generelle Haltung dazu kann sehr unterschiedlich sein. Nach der weltweiten Me-Too-Debatte gilt es in der westlichen Welt weithin als unangemessen, das Aussehen von Frauen zu kommentieren, etwa im Berufsleben. Der Grat zwischen Belästigung und Flirten wird zunehmend schmaler. In der arabischen Welt sind Komplimente eine Art Hintergrundmusik – Männer rufen Frauen auf der Straße schon mal »Du schöner Mond« hinterher. Dabei ist auch hier nicht jedes Kompliment erwünscht oder angebracht. Darum der Tipp: Bevor man das Aussehen einer Person kommentiert, sollte man ein *mashallah* (»was Gott will«) vorausschicken. Damit lobt man Gottes Schöpfung, schließt jeglichen Neid aus und vermittelt seinem Gegenüber zugleich, dass man das Kompliment ehrlich meint und mit einer guten Absicht ausspricht. In anderen Zusammenhängen werden Komplimente aber regelrecht erwartet, zum Beispiel während einer guten Mahlzeit. Natürlich ist es auch in Deutschland üblich, ein gutes Essen und Koch oder Köchin zu loben. Der Unterschied liegt eher im Wie. Das Problem der Selbstverständlichkeit, mit der Komplimente erwartet und auch gemacht werden: Man zweifelt ab und zu an ihrer Echtheit.

Die Sprache der Verführung

Zumindest auf dem liebenden Auge scheinen arabische Diktaturen blind zu sein. Die Liebe ist eine der wenigen Bereiche des Lebens, in denen die Menschen sich sprachlich entfalten können, ohne in Verdacht zu geraten, die staatliche Sicherheit zu gefährden oder zu untergraben. Nur das öffentliche Sprechen über Sex ist in den meisten arabischen Ländern verpönt – und kann geahndet werden. Der Vorwurf klingt dann meist so: Aufruf zu sexuellen Ausschweifungen, Gefährdung der öffentlichen Moral. Deshalb ist bei diesem Thema bis heute die Kunst der Umschreibung und indirekten Kommunikation gefragt. »Ich habe gestern eine Nachtschicht eingelegt« oder »Wir haben das Brot in den Ofen geschoben« sind gängige Umschreibungen. »Der Vogel kam nicht zurück ins Nest« bedeutet, dass der Mann eine Geliebte hat. Lina hatte noch weitere, ungewöhnlichere Synonyme für Sex parat: »Wir haben Salat gemacht« oder »Wir haben mit Mehl gespielt« sind nur zwei davon. »Wir träumen viel und die Unterdrückung lässt uns in eine Welt voller Synonyme fliehen«, sagt sie.

Rasha Abbas verfasste einmal einen Artikel auf Arabisch für eine deutsche Zeitschrift, in dem sie – in sehr indirekten Worten – auch einen Blowjob beschrieb. Es war ihr unmöglich, diese Praktik realistisch zu beschreiben, weshalb sie sehr umständlich umschrieb und viel Raum für Fantasie ließ. Das Problem: Ihre deutschen Auftraggeber und der Übersetzer verstanden gar nicht, was sie meinte – ihre Umschreibungen waren viel zu vage. Also besuchten sie Rasha zu Hause, um mit ihr über den Text zu sprechen. »Das war die schlimmste halbe Stunde meines Lebens: Ich weiß nicht, wie ich das überstanden habe.« Es sei den Deutschen völlig egal gewesen, ob das in der arabischen Kultur nun ein No-Go sei oder nicht, sie wollten klipp und klar wissen, was sie meinte.

Lina wurde der Unterschied zwischen den beiden Sprachen bzw. Kulturen besonders bewusst, als ein Liebesgedicht von ihr ins Deutsche übersetzt werden sollte. Auf Arabisch schrieb sie: »Eine Rose für deine beiden Knie, die sich beugen und damit das Meer zum Lächeln bringen.« Wenn das Meer lächelt, dann bedeutet das, dass die Frau Lust und Begierde verspürt – das versteht ein arabischer Leser. Doch im Deutschen wurde daraus:

»Eine Rose für deine Knie, die sich beugen, bis die Welt um sie herum zerfließt.«

Eine weitere Strategie, um Tabuthemen zu behandeln, ohne zu deutlich oder gar vulgär zu werden oder die Gefühle anderer zu verletzen, ist die Verwendung des Hocharabischen. Das gibt der Sache zusätzlich einen ernsthaften, geradezu wissenschaftlichen Anstrich, zum Beispiel, wenn man über Homosexualität oder die Monatsblutung spricht. Die Methode ist auch sehr nützlich, wenn im Beisein von Kindern kaschiert werden soll, worum es geht.

Doch die arabische Sprache war nicht immer so keusch wie heute. Die erotische Literatur erlebte ihre Blütezeit zeitgleich mit dem goldenen Zeitalter der Wissenschaft zur Zeit der Dynastie der Abbasiden in Bagdad vom 8. bis 13. Jahrhundert. Doch über die Jahrhunderte veränderte sich der Umgang mit Sexualität. Auch die europäischen Kolonialherren hatten ihren Anteil daran, indem sie ihre strengen Moralvorstellungen in die Gesetzgebung der besetzten Länder einfließen ließen – nicht zuletzt, um ihre Macht und Überlegenheit zu demonstrieren und zu festigen. Später wurde ihre Prüderie von der des islamischen Fundamentalismus abgelöst. Die Islamisten verstehen Sexualität ebenfalls als Machtinstrument, um soziale Kontrolle auszuüben. Den Westen inszenieren sie als moralisch verdorben. Dabei war es lange Zeit genau umgekehrt: Der Orient galt als Ort der Ausschweifung und Sinnlichkeit, während im Westen Prüderie herrschte. Abd al-Rahman as-Suyuti, ein bedeutender ägyptischer Islamgelehrter des 15. Jahrhunderts, hielt Sex für ein Geschenk Gottes an die Menschheit, das man genießen sollte. Solch eine Aussage eines hohen Islamgelehrten ist heute undenkbar. Stattdessen fabulieren muslimische Gelehrte über die Gefahr, beim Fahrradfahren das Jungfernhäutchen zu verletzen. Diese Sexualisierung ganz alltäglicher Tätigkeiten kommt im Gewand religiöser Dogmen daher, hat aber soziale Kontrolle zum Ziel. Die autoritären Machtstrukturen, in denen viele arabische Länder gefangen sind, tragen ebenfalls eine Mitschuld am neuen Konservatismus. Kreativität und Offenheit werden nicht gefördert, sondern im Keim erstickt. Hinzu kommt, dass einige Muslime dem Irrglauben aufsitzen, dass es klare Kategorien gibt – sie denken schwarz-weiß, teilen die Welt in »verboten« »und nicht verboten« ein – dabei lebte der innermuslimische Diskurs einst von Vielfalt und Toleranz.

In der Vergangenheit befassten sich zahlreiche einflussreiche muslimische Theologen sehr offen und ungezwungen mit dem Thema Erotik. Die Vorstellungen von Schamhaftigkeit und Anstand heutiger religiöser Autoritäten waren ihnen fremd. So schrieb Imam as-Suyuti im 16. Jahrhundert: »Gelobt sei Der, Der die Frau mit Klitorisvorhaut und Gesäß verschönerte.« »Der schamloseste Sex ist der köstlichste«, war die Ansicht des Ibn Sirin aus Basra im 11. Jahrhundert. Und ein andalusischer Gelehrter des 13. Jahrhunderts behauptete gar: »Die vollkommenste Gotteserkenntnis vollzieht sich beim Geschlechtsakt.«[20] Sogar Frauen beschäftigten sich mit Erotik – und drückten sich dabei unverhohlen obszön aus. Die Dichterin Umm ad-Dahhak al-Muharibiya etwa schrieb im 7. Jahrhundert auf der Arabischen Halbinsel folgende Zeilen:

»Heilung von der Liebe heißt Küssen und Umarmen / und dass ein Bauch sich auf dem anderen reibe, // heißt Stoßen, dass die Augen übergehen, / und Zerren an Haut und Haaren.«[21]

Und sie war keine Ausnahme. In der heutigen Zeit aber wären solche Zeilen undenkbar. »Ich kann auf Arabisch einfach nicht plastisch über Sex schreiben, das würde nicht funktionieren. Ich würde mir komisch vorkommen«, sagt Rasha.

Ein arabisches Liebeshandbuch mit erotischen Geschichten und Gedichten aus dem 15. Jahrhundert erregte im 19. Jahrhundert die Aufmerksamkeit der Europäer ähnlich wie das indische Kamasutra. Der »duftende Garten zur Erbauung des Gemüts« von Abu Abdallah Muḥammad an-Nafzawi wurde 1850 von einem Offizier der französischen Armee in Algerien ins Französische übersetzt. Allein die Anzahl und Originalität der Umschreibungen für die Geschlechtsteile zeigt auf beeindruckende Weise, wie fantasievoll die arabische Sprache der Erotik einst war:

»Der Tränenreiche, weil er viel weint. Er sondert Tränen ab, wenn er sich aufrichtet, und ebenso, wenn er ein schönes Gesicht anschaut oder berührt.«

»Aufgeregter nennt man ihn, weil ihn in erregtem Zustand nichts bekümmert; er hebt mit seinem Kopf die Hosen seines Besitzers an und beult sie aus, und selbst wenn sein Besitzer ganz beschämt wird, lässt er sich davon nicht beeindrucken.«

»Der Gegner: So wird sie (die Scheide) nur bei manchen Frauen genannt; wenn der Mann zu ihnen kommt, werfe sie sich dem Penis entgegen wie ein Heerführer seinem Widersacher; der Widersacher führt dabei ein Schwert und kennt sich in der Kriegskunst aus und der andere in der Verteidigung; jedes Mal, wenn der eine zuschlägt, pariert der andere mit seinem Schild.«[22]

Eine Parfümwolke aus Adjektiven

Als Khalid nach Deutschland kam, gewöhnte er es sich an, Menschen nicht nur nach ihrem Namen zu fragen, sondern auch nach dessen Bedeutung. So will er zwei Fliegen mit einer Klappe schlagen: einen Menschen kennenlernen und auch gleich ein neues Wort. Doch oft wird er enttäuscht – entweder der Name hat keine Bedeutung oder sein Gegenüber kennt sie gar nicht.

Arabische Eltern hingegen legen ihren Kindern mit der Namenswahl bereits eine Eigenschaft mit in die Wiege (und hängen die charakterliche Messlatte damit sehr hoch): Adel – der Gerechte, Latifa – die Freundliche, Karim – der Großzügige, Alia – die Erhabene. Geliebte Menschen werden mit einem Lametta von Adjektiven behängt, um ihnen Wertschätzung zu zeigen.

Um ein schönes Mädchen zu beschreiben, reicht vielen Arabern auch nicht nur ein einziges Adjektiv wie etwa »hübsch«. Stattdessen reihen sie lieber drei Synonyme aneinander, um die Schönheit des Mädchens zu preisen – und um mit ihrem umfangreichen Wortschatz zu prahlen. Ein arabischer Satz gleicht daher einer Parfümwolke aus Adjektiven. Während im Deutschen die großzügige Verwendung von Adjektiven eher verpönt ist (genauso wie die übermäßige Verwendung von Parfüm), lebt die arabische Sprache davon. Und wieder einmal stehen sich Übertreibung und Understatement als sprachliche Pole gegenüber.

Ein weiterer Grund könnte der Satzbau sein: Anders als im Deutschen steht im Arabischen das Adjektiv immer hinter dem Nomen. Arabische Muttersprachler haben die Möglichkeit, das Nomen noch farbiger und plastischer zu machen, indem sie zahlreiche Adjektive nachschieben – während deutsche Muttersprachler sich häufig auf eines beschränken, da das Nomen, das sie beschreiben, erst noch folgt. Khalid hat daraus gelernt. Wenn er mit Deutschen spricht, spart er sich den begeisterten Wortschwall und bringt die Sache auf den Punkt. »Ich weiß mittlerweile, was Deutsche lesen und hören wollen – deshalb verzichte ich auf Adjektive und Ausschmückungen und versuche, so direkt wie möglich zu sein.« Tagesschau statt Tausendundeine Nacht.

ALHAMDULILLAH VERSUS »PASST SCHON«

Wie sich Werte in der Sprache widerspiegeln

Hierzulande haben Floskeln als inhaltsleere Sprachhülsen einen schlechten Ruf – doch im Arabischen werden sie gehegt und gepflegt. Sie sind das Gewürz der Alltagskommunikation; ohne sie schmeckt die Sprache nach nichts. Eine besondere Rolle spielen im Arabischen religiöse Formeln und Höflichkeitsbekundungen. An ihnen lassen sich besonders gut kulturelle Unterschiede festmachen.

Gott im Sprachalltag

Khalid fiel aus allen Wolken, als er die Begrüßung »Grüß Gott« zum ersten Mal hörte – endlich mal eine religiöse Formulierung in der deutschen Sprache, dachte er sich. Bislang hatte er das Gefühl gehabt, alles Religiöse werde bewusst aus der alltäglichen Kommunikation herausgehalten, ja, nahezu verbannt. In der arabischen Welt ist es genau umgekehrt: Religiöse Vokabeln funktionieren immer und werden darum gern verwendet – um Streit zu schlichten, sich zu entschuldigen oder jemandem zu schmeicheln. Araber rufen »Allah, Allah«, wenn sie von etwas begeistert oder ergriffen sind, sei es von gutem Essen, schöner Musik oder gelungener Dichtkunst. Durch die Vermittlung der muslimischen Mauren entstand daraus übrigens das spanische »Olé!«, das im Stierkampf oder im Fußballstadion gerufen wird.

Die religiöse Prägung der Sprache lässt sich vor allem auf den Koran zurückführen, der das Arabische entscheidend beeinflusst hat. Der Koran (wörtlich »Rezitation«) gilt Muslimen als ewig gültiges Wort Gottes, das dem Propheten Mohammed offenbart wurde, und seine Sprache als heilig. Viele Muslime sind der Auffassung, dass die Beherrschung der arabischen Sprache zur Religion dazugehöre. Das lässt sich auch ganz pragmatisch begründen: Zum fünfmal täglich zu leistenden Gebet gehört die Rezitation von Koranversen auf Arabisch. Kinder gehen in der arabisch-islamischen Welt deshalb für gewöhnlich zum Koranunterricht. Und auch hierzulande bieten viele Moscheegemeinden am Wochenende Koran- und Arabischunterricht für Kinder an. Millionen Muslime in der ganzen Welt lernen also die wichtigsten Grundlagen der arabischen Sprache, um zu beten oder den Koran zu lesen. Viele von ihnen berufen sich dabei auf Koranverse wie diesen: »Siehe, Wir machten ihn zu einem arabischen Koran, damit ihr verstehen möget.« (Sure 43:3)

Wer den Koran im arabischen Original versteht, ihn auswendig rezitieren kann und Aussprüche des Propheten Mohammed in Gespräche einfließen lassen kann, der ist hoch angesehen und gilt als besonders fromm. Der Koran selbst wird allgemein als unübertroffen in seiner literarischen Ästhetik angesehen und gilt deshalb vielen Muslimen als sprachliches Wunder. In seiner stilistischen Unnachahmlichkeit und Vollkommenheit sehen viele Muslime einen Beweis für dessen göttliche Herkunft. So steht es auch im Koran selbst:

> »Sprich: Wahrlich, selbst wenn sich Menschen und Dschinn zusammentäten, um einen Koran wie diesen hervorzubringen, brächten sie nichts Gleiches hervor, auch wenn die einen den anderen beistünden.« (Sure 17:88)

Die besondere Hochachtung gegenüber dem Koran kommt auch in einer Formel zum Ausdruck, die fromme Muslime verwenden: Sie nennen ihre heilige Schrift stets den »ehrenwerten Koran«. Ebenso folgt der Erwähnung des Prophetennamens die obligatorische Segensformel »Allahs *Segen und Frieden* auf ihm«. Da Sprache generell das Denken und unsere Sicht auf die Dinge beeinflusst, hat natürlich auch die häufige Verwendung religiöser Floskeln Einfluss auf das Denken und Handeln arabischer Muttersprachler. Sie festigen bestimmte Denkmuster und Lebenseinstellungen.

Wesal Shbat, eine Syrerin aus München, sieht die Sprache als Spiegelbild des Alltags. In Syrien arbeitete die vierfache Mutter als Anwältin, in München besucht sie derzeit einen Deutschkurs. »Hierzulande scheint die Religion keinen festen Platz mehr im Alltag einzunehmen. Doch wir beten fünfmal am Tag oder sprechen Bittgebete – deshalb ist unsere Sprache automatisch mit religiösen Vokabeln gespickt.« Es gibt sogar bestimmte religiöse Formeln vor dem Betreten des Badezimmers, vor einer Reise oder dem Schlafen – Bittgebete für jeden Anlass, aufrufbar in zahlreichen Apps oder ganz altmodisch in kleinen Kärtchen to go.

Natürlich gibt es auch im Deutschen religiöse – christliche – Floskeln, die immer seltener werden, da die Anzahl der Menschen, die sich als Christen bezeichnen und ihren Glauben im Alltag leben, beständig abnimmt. Manche Floskeln wie »Gott sei Dank«, »Oh mein Gott«, »Um Himmels / Gottes Willen« oder auch »Ach herrje!« (aus »Herr Jesus«) werden dagegen immer noch häufig gebraucht, jedoch meist, ohne dass sich dahinter religiöse Gefühle oder ernsthafter Glaube verbirgt. Man nimmt sie daher gar nicht mehr als religiös war. Arabische Christen verwenden im Übrigen vielfach dieselben religiösen Vokabeln wie die Muslime. Allah ist schließlich kein exklusiv muslimischer Ausdruck, sondern lediglich das arabische Wort für »Gott« – deshalb verwenden ihn Muslime, Christen und Juden. Einige arabische Floskeln sind auch hierzulande bekannt wie etwa *inschallah*, ein wahrer Klassiker, der auch unter Deutschen immer populärer wird, während die deutsche Übersetzung »so Gott will« oder gar »so Gott will und wir leben« nur noch im Repertoire weniger Christen vorhanden ist. Auch in den USA erfreut sich dieser Ausdruck trotz der Stimmungsmache seitens des Präsidenten Donald Trump in intellektuellen Hipsterkreisen großer Beliebtheit. Ins Spanische und Portugiesische fand *inschallah* schon viel früher Eingang: »Ojalá« und »oxalá« bedeuten einfach »hoffentlich« – die religiöse Konnotation ging offensichtlich bei der Übertragung verloren.

Wer seiner Aussage ein *inschallah* hinterherschiebt, drückt seine Überzeugung aus, dass nichts im Leben planbar ist, da immer eine höhere Macht die eigenen Vorhaben durchkreuzen könnte. Der Glaube an die Vorherbestimmung ist einer der Grundsätze der islamischen Religionslehre. Im Alltag dient *inschallah* auch als beliebter Nein-Ersatz gegenüber Kindern. Häufiger ist er aber, wenn Araber in die Zukunft planen – ein wahrer Albtraum für viele. Ich bin mir ziemlich sicher, dass der Anteil von Arabern bei Frühbuchern gegen Null geht. Es geht ihnen einfach gegen den Strich, in die Zukunft zu planen. Häufig kommen Sprüche wie: »Woher soll ich wissen, ob ich da noch lebe?« Die Argumentation ist nicht wirklich schlüssig, denn im Fall des Todes wäre es ja auch egal, ob man 500 Euro für eine nicht angetretene Reise ausgegeben hätte oder nicht. (Und im Übrigen bin ich mir sicher, dass der Familie das Geld bei Vorlage einer Sterbekunde zurückerstattet würde.) Aber darum geht es bei »inschallah« nicht – man möchte einfach das Schicksal nicht herausfordern. Deshalb hört man im Arabischen auch selten Begriffe wie »aber sicher« oder »bestimmt«, denn das würde ja bedeuten, dass man sich Macht über sein Schicksal anmaßen und es nicht in Gottes Hände legen würde – und das wäre fahrlässig. Also sagt man »Nächste Woche, inschallah« und ist fein raus. Höhere Macht, sorry.

Umso überraschter reagieren viele Flüchtlinge, wenn sie merken, wie lange im Voraus ihre deutschen Freunde und Kollegen planen: Am übernächsten Wochenende ist bereits ein Kurztrip nach Rom geplant, das darauffolgende für einen Wanderausflug mit Freunden reserviert, die Brückentage bereits Monate im Voraus im Kalender farbig markiert, während sie selbst nicht einmal wissen, was sie morgen vorhaben.

Einige andere Floskeln sind von der Aussage her ähnlich, aber im Gebrauch seltener. Wenn Wesals Freundin Beziehungsprobleme hat, dann antwortet sie ihr: »Das wird schon wieder, mit Gottes Zustimmung.« Wenn sie sich oder einem anderen vor einer neuen Aufgabe Mut zuspricht, sagt sie »im Namen Gottes«. Wenn sie eine Entscheidung trifft, sich aber noch unsicher ist, ob es die richtige ist, sagt sie »Ich vertraue auf Gott«. Wenn der Taxifahrer in Damaskus extra einen Umweg für sie machte, wünschte sie ihm: »Möge dir Gott Gesundheit geben«, eine Floskel, die als Synonym für »danke« verwendet wird. Wenn ein Nachbarsjunge ihr die Einkaufstüten abnahm, bedankte sie sich mit: »Möge Allah dir das auf der Waage der guten Taten verbuchen.«

Wahrscheinlich wäre es einfacher, wenn man den Alltag in der arabischen Welt nach floskelfreien Handlungen durchsuchte anstatt umgekehrt. Araber sind wahre Meister darin, minutenlang höfliche, wenn auch häufig nichtssagende Floskeln vor sich hin zu murmeln – im Deutschen wäre das unvorstellbar. Wer auf die traditionellen Formeln verzichtet oder sie vernachlässigt, hat keine gute Kinderstube genossen. Auf Arabisch ein Telefonat zu beenden kann deshalb länger dauern als das Telefonat selbst. Es hat mich immer fasziniert, wie meine Verwandten in Ägypten Small Talk betreiben. Wenn das Gespräch mal auf ein schwieriges Thema kommt oder ins Stocken gerät, beginnen sie ohne mit der Wimper zu zucken, Floskeln aneinanderzureihen. Im Arabischen sei man immer auf der Suche nach dem Glück des richtigen Wortes, sagte Edward Said, Professor und Autor des viel diskutierten Werks »Orientalismus«[23], treffend.

Umso überraschter war Wesal, als sie merkte, dass man im Deutschen mit »bitte« und »danke« auch recht weit kommt. Die vielen Höflichkeitsbezeugungen, die sie aus dem Arabischen kennt, fallen einfach weg. Einmal telefonierte Wesal mit der Mutter einer Schulkameradin ihrer Tochter. Das Gespräch neigte sich dem Ende zu und auf einmal hörte sie nur noch das Piep-Zeichen; das Gespräch war vorbei. »Sie hatte nur Tschüs gesagt und dann aufgelegt«, erzählt Wesal und lacht. »Da muss doch noch was kommen, das kann's doch nicht gewesen sein, dachte ich damals.« Man hätte etwa Grüße an die Eltern und die Familie hinterherschicken können oder die Frage, ob die andere etwas benötige, ob man irgendwie behilflich sein könne. »Vor lauter Verwirrung sagte ich einfach dreimal Tschüs.« Ihr erschien es unhöflich, einfach so aufzulegen. Damals erklärte sie es sich so, dass die andere Mutter vielleicht glaubte, sie verstehe noch nicht so gut Deutsch – was ja auch stimmte, wie sie lachend zugibt.

Alhamdulillah als Lebenskonzept

Ich begegnete dem personifizierten *alhamdulillah* (»Dank gebührt Gott«) in einer kleinen Stadt im ägyptischen Nildelta. Es war eine alte Frau mit runzligem Gesicht, sie saß auf dem staubigen Boden, umgeben von Müllbergen, kleine Katzen wuselten um sie herum. Die Katzen miauten, suchten nach Essbarem im Müll. Doch die alte Frau saß nur da und lächelte vor sich hin. Es war Sommer und die Sonne brannte auf uns nieder. Als ich mich zu ihr hinunterbeugte und sie fragte, ob ich ihr helfen könnte, strahlte sie mich an mit ihrem zahnlosen Mund und sagte: »*Alhamdulillah*, meine Tochter, mir geht es gut.« Es hörte sich bei ihr nicht nach einer leeren Floskel an, sondern vielmehr nach einer Lebenseinstellung. Obwohl sie sich in einer für mich offenkundig bemitleidenswerten Situation befand, wirkte sie alles andere als bedürftig. Sie hatte nichts zu geben – und gab mir doch sehr viel. Diese Szene hat sich in mein Gedächtnis eingebrannt.

Im Deutschen antwortet man auf die Frage »Wie geht's?« oft mit Antworten wie »Gut, danke«, »Es geht«, »Passt schon«, »Könnte besser laufen« – im Arabischen hingegen lautet die Standardantwort *alhamdulillah*, die meint: Ich bin Gott dankbar dafür, wie es mir geht. Diese Aussage ist keine leere Floskel, denn es steckt viel mehr dahinter. *Alhamdulillah* sagt man nicht nur, weil man es eben sagt, sondern weil dahinter ein Denkkonzept steckt. Natürlich erzählt man engeren Freunden auch von seinen Problemen, aber kaum jemand würde ständig »Passt schon« oder »Nicht so gut« antworten – selbst wenn er ausreichend Grund hätte zu klagen.

In meiner Funktion als Journalistin sprach ich während der Kämpfe um die syrische Rebellenhochburg Ghouta regelmäßig mit Syrern via Internetdienste. Im Hintergrund hörte ich Luftangriffe, Bomben, die einschlugen, den Muezzin, der die Menschen dazu aufrief, nicht in die Moschee zu kommen, sondern lieber zu Hause zu beten, da der Weg lebensgefährlich sein könnte. Die Versorgungslage war prekär, Menschen hausten in überfüllten Kellern, sahen tagelang kein Sonnenlicht und doch sagten die jungen Männer jedes Mal »*alhamdulillah*, wir leben noch.« Sie ließen mich sprach- und ratlos zurück – wie schafften sie es, in ihrer Situation noch ein »Gott sei Dank« auszusprechen? Ich blickte beschämt auf meine Alltags-Wehwehchen und stieß schnell ein *alhamdulillah* aus.

Alhamdulillah ist ein arabisch-islamisches Lebenskonzept. Es hat gute, aber auch schlechte Nebenwirkungen. Denn das *alhamdulillah*-Konzept kann zu zweierlei führen: zu Schicksalsergebenheit, Antriebslosigkeit und Lethargie – und zu Dankbarkeit, Zufriedenheit, Gelassenheit und Bescheidenheit. Oft ist es eine Kombination aus beidem. Wenn jemand aus der Familie in Syrien krank ist, sagt Wesal am Telefon zum Beispiel: »So Gott will, wirst du dadurch die Stufen (des Paradieses) erklimmen.« Sie ist der festen Überzeugung, dass keine Erschwernis ohne Erleichterung kommt. Wenn ihre Kinder sich wehtun, rät sie ihnen, *alhamdulillah* zu sagen anstatt zu jammern – denn es hätte ja auch schlimmer kommen können.

Eine der ersten Fragen, die Wesal der Lehrerin im Deutschkurs stellte, war deshalb, welche Antwort man auf »Wie gehts« geben sollte. Sie wollte im Grunde wissen, was *alhamdulillah* auf Deutsch heißt. Doch die Lehrerin antwortete »Gut, danke« oder »Es geht« oder »Passt schon«. Wesal war unzufrieden. Sie entschied sich für eine eigene Variante und antwortet nun auf die Frage »Wie geht's?« immer mit »Gut, danke, Gott sei Dank«. Doch damit ruft sie Irritation hervor. »Wie bitte?«, hört sie häufig. Seitdem hadert sie mit der passenden Antwort auf »Wie geht's?« Sie ist immer noch auf der Suche nach einer sprachlichen Alternative – und dankbar für jeden Hinweis.

Wesal hat das *alhamdulillah*-Konzept verinnerlicht, was ihr in vielen schwierigen Situationen hilft. Wenn ihr pubertierender Sohn Probleme in der Schule macht und ihr Mann den Anschluss im Deutschkurs nicht findet und deprimiert nach Hause kommt, dann ist sie manchmal fast am Verzweifeln – doch wenn sie die Bilder aus Syrien sieht, aus Ghouta, ganz in der Nähe ihres einstigen Wohnorts, dann kommt ihr ganz automatisch ein *alhamdulillah* über die Lippen und sie sieht ihre eigenen Probleme wieder in Relation. Es hilft ihr dabei, das große Ganze im Leben nicht aus dem Blick zu verlieren, dankbar zu sein, auch in schweren Zeiten. Und vor allem: sich nicht in Hoffnungslosigkeit zu verlieren. Sie hält es für sinnvoll, sich ab und an zurückzulehnen und auf all das zu schauen, was gut ist im Leben.

In Deutschland tut man sich eher schwer damit, einfach zufrieden zu sein mit dem, was man hat. Bei ihnen überwiegt häufig der Drang zur Optimierung und Perfektionierung. Man konzentriert sich eher auf das, was man nicht hat, was man noch nicht erreicht hat. So überwiegen Sprüche wie »Gib dich nicht mit weniger zufrieden«, »Genug ist nicht genug« oder »Man lebt nur einmal«. Diese Einstellung führt dazu, dass man stetig versucht, sich weiterzuentwickeln, und sich nicht mit dem Status quo zufriedengibt, sondern die Möglichkeiten ausschöpft, die einem das Leben bietet. Man möchte etwa die Karriereleiter erklimmen, seine berufliche Situation ständig verbessern. Tatsächlich steht den Menschen in Deutschland eine Vielzahl an Möglichkeiten offen, ihr Leben selbst in die Hand zu nehmen und immer wieder zu verändern: Man kann eine Weiterbildung besuchen, ins Ausland gehen und mit 40 noch einmal ein Studium beginnen. Diese Auswahl an Möglichkeiten haben viele Menschen in der arabischen Welt nicht. Allein die Staatsangehörigkeit schränkt ein: Deutsche können laut dem Henley Passport Index in 162 Länder ohne vorherigen Visumsantrag einreisen und belegen damit weltweit den dritten Platz im »Power Ranking« der Pässe. Syrien belegt den viertletzten Platz mit 32 Ländern, in die man ohne vorherigen Visumsantrag einreisen darf, gefolgt von Pakistan, Irak und Afghanistan – ebenfalls Länder, aus denen viele Flüchtlinge kommen.[24] Das *alhamdulillah*-Konzept hält sich vielleicht auch deshalb so hartnäckig, weil man sich mit weniger zufriedengeben *muss* – und Gelassenheit ist die beste Möglichkeit, sich mit den beschränkten Lebensumständen, in denen man sich nun mal befindet, abzufinden.

Die Unzufriedenheit der Deutschen, ihr Schimpfen über die Bahn oder das Wetter steht in großem Kontrast zur arabischen *alhamdulillah*-Mentalität, findet Lina. »Viele Menschen hierzulande haben verlernt, dankbar zu sein. Kaum jemand sagt ›Gott sei Dank‹ wie wir *alhamdulillah*. Worüber regen sich Menschen hierzulande auf? Das Schlimmste, was ihnen im Alltag passieren kann, ist, dass sich der Zug verspätet. In Syrien habe ich Menschen gesehen, die Hunger leiden. Um in Syrien an Brot zu kommen, muss man um fünf Uhr morgens aufstehen, um sich anzustellen. Wenn man Glück hat, hält man drei Stunden später ein paar Brotfladen in der Hand.« Sie erzählt von einem Verwandten, der vom Anstehen in der Sonne, von der Enge, der Warterei so erschöpft war, dass er noch an Ort und Stelle zusammenbrach. »Die Welt ist so wahnsinnig ungerecht, dass man es nicht ertragen kann, je länger man darüber nachdenkt«, sagt Lina. Dass Menschen auch hierzulande Schicksalsschläge verkraften müssen, sieht Lina gerade nicht. Ihre Eindrücke vom Krieg in Syrien und das Abgleichen mit ihrer Lebenswelt in Deutschland, in der zumindest an der Oberfläche alles in Ordnung scheint, fällt ihr schwer.

Gerade deshalb kann sie nicht verstehen, dass die Flüchtlingsdebatte in Deutschland so hitzig geführt wird. Sie ist sich sicher: Wären die Menschen hierzulande dankbarer für das, was sie haben, würden sie anders auf das Leid anderer Menschen blicken. Vor allem, wenn es um die Debatte über minderjährige Flüchtlinge geht, wird sie wütend. Auch ihr jüngerer Bruder kam über die Mittelmeerroute nach Deutschland, sie weiß also um den Schmerz und die panische Angst der Angehörigen. »Wie können Menschen in Deutschland ernsthaft denken, dass Eltern, die ihre Kinder allein übers Mittelmeer nach Europa schicken, hartherzig sind und nur ans Geld denken?« Vielmehr sei die Verzweiflung bei vielen Menschen so groß, dass ihnen eine einprozentige Wahrscheinlichkeit, dass ihre Kinder überleben, reiche. »Alles ist besser, als die Kinder in den sicheren Tod zu schicken, oder?«, fragt Lina. »Nicht nur wir können von den Deutschen lernen, auch sie können von uns lernen – wie wäre es mit dem *alhamdulillah*-Konzept?«

Gastfreundschaft über alles

Für Araber ist es nicht nur wichtig, jedes Alltags-Wehwehchen mit einer passenden religiösen Formel zu vertreiben – sondern auch die richtigen Komplimente zu finden, wenn man bei Freunden oder Verwandten zu Besuch ist. Einen Gastgeber oder eine Gastgeberin mit ausgefeilten Formeln zum Erröten zu bringen gilt als unausgesprochene Pflicht eines jeden Gastes.

Im Jahr 2017 feierte Khalid zum ersten Mal Weihnachten. Er war bei der Familie seiner deutschen Freundin eingeladen. Aufmerksam beobachtete er alles und merkte: Die Art und Weise, wie in der Familie kommuniziert wird, unterscheidet sich sehr von der in arabischen Familien. Die obligatorischen Lobesreden auf die Köchin oder das ständige Nachfragen nach dem Wohlergehen der Familie, wie er es aus Syrien kannte, fehlten hier völlig. Während des gemeinsamen Weihnachtsessens und des anschließenden Auspackens der Geschenke fragte er sich ständig: Wo sind nur Höflichkeits- und Respektformeln geblieben? »Vor allem, wenn die Kinder in die Pubertät kommen, scheinen diese komplett zu verschwinden«, sagt Khalid und zuckt mit den Schultern. »Ich glaube, ich brauche einfach noch ein wenig Zeit, bis ich mich an diesen direkten Umgang gewöhne.«

Das Essen im Kreise von Familie und Freunden spielt im orientalischen Raum eine sehr wichtige Rolle. Meist trifft man sich nicht nur zu Kaffee und Kuchen, sondern zum gemeinsamen Essen – dementsprechend groß ist auch der kulinarische Wortschatz. Schon in den Erzählungen von Tausendundeiner Nacht heißt es: »Das schönste Haus ist das, welches jedermann offensteht.«

Kommt ein Freund oder eine Freundin zufällig vorbei, wenn gerade gegessen wird, sagt man »Deine Schwiegermutter liebt dich!« und preist damit das Glück der Person, dass sie genau zum richtigen Zeitpunkt angeklopft hat. Denn wer kann sich glücklicher schätzen als jemand, der die Gunst seiner Schwiegermutter für sich gewonnen hat? Auch neugeschlossene Freundschaften werden im arabischen Raum durch ein gemeinsames Essen besiegelt: »Zwischen uns ist Brot und Salz«, heißt es dann. Damit hebt man die Beziehung auf eine höhere Ebene: Sie ist nun vertrauter, enger, familiärer (meistens lädt man den neuen Freund bzw. die neue Freundin zu sich nach Hause ein, um die eigene Familie kennenzulernen). In anderen Kulturen schließt man Blutsbrüderschaften, im Arabischen isst man einfach nur zusammen. Weniger blutig, dafür kalorienreicher.

Auch kann der Gastgeber durch die Einladung zum gemeinsamen Essen seine eigene Großzügigkeit unter Beweis stellen, was in der arabischen Welt eine wichtige Rolle spielt. Viele Araber würde sich lieber für drei Generationen verschulden, nur um nicht als Geizkragen zu gelten. Auf diese Weise zeigt man Wertschätzung füreinander. Zusätzlich scheint die Prämisse zu gelten: Je mehr Zeit man für die Zubereitung einer Mahlzeit benötigt, desto größer die Wertschätzung. Die vielen Fertigwaren, die wir in Deutschland meist ohne schlechtes Gewissen verwenden, kommen den meisten Arabern nicht ins Haus. Denn Araber zeigen ihre Zuneigung beim Kochen. Und die wenigsten erfreut ein Liebesspiel, das nur fünf Minuten dauert, oder? Doch hierzulande ist die Zeit oft knapp. Für eine Einladung zum Abendessen genügt meist ein Hauptgang, dazu ein Dessert und Salat – im orientalischen Raum muss der Gast die Qual der Wahl beim Blick auf das Buffet förmlich spüren. Eine Lasagne genügt nicht. Es werden Weinblätter, Fleischspieße, Hähnchenkeulen und Unmengen von Reis aufgetischt.

Die üppige Mahlzeit ist auch eine Art Alkohol-Ersatz: Man zieht abends nicht durch Kneipen, sondern isst sich durch die Wohnzimmer seiner Freunde und Bekannten. Ein Glas Wein kompensiert man mit aufwändig gerollten Weinblättern.

Die sich vor Essen biegenden Tische sind für Deutsche oft irritierend: So viel kann man doch gar nicht essen! Auch im Islam gilt der Grundsatz, man solle sich nicht der Völlerei hingeben und schon gar keine Lebensmittel verschwenden. Stattdessen soll man mit Bedacht essen, sodass man nicht übergewichtig wird und gesund bleibt – also ganz im Trend des bewussten Ernährens und des Bemühens um Nachhaltigkeit. Es ist die Kultur der Gastfreundschaft, die die Araber zu dem Hype ums Essen treibt.

Kulinarische Lobeshymnen

Wenn Wesal und ihr Mann Nasser zum Essen in ihrer Wohnung einladen, ist der Tisch reichlich gedeckt. Für die Gäste heißt es dann, die Mahlzeit verbal gebührend zu feiern – und die Auswahl an poetischen Floskeln im Arabischen ist groß. Wenn man etwa sagt »Dein Atem beim Kochen ist schön«, meint man: Der Koch oder die Köchin ist wirklich begabt, hat einen guten Sinn fürs Kochen. Das sei das schönste Kompliment, das man einer Köchin machen könne, sagt Wesal. Ein Tisch könne noch so üppig gedeckt sein, noch so viel hermachen, doch wenn der Koch oder die Köchin nicht den richtigen »Atem« beim Essen habe, dann schmeckt es einfach nicht. Natürlich geht es nicht um den wortwörtlichen Atem, sondern um die Liebe, Sorgfalt und Geduld, die man in die Zubereitung des Essens gesteckt hat. Ein anderes Kompliment lautet: »Bestimmt hast du deinen Finger ins Essen getunkt, weil es gar so lecker ist.« Das sagt man vor allem, wenn einem Tee oder Kaffee gereicht wird, der besonders süß und somit besonders lecker schmeckt.

Während hierzulande über eine Zuckersteuer debattiert wird, gilt in der arabischen Welt: Je mehr Zucker, desto besser. Die Gastgeber fragen gar nicht, wie viel Zucker man möchte, sondern löffeln ungefragt Berge davon in die Teekanne. Denn wer beschwert sich in der arabischen Welt schon über Zucker? Dass deutsche Eltern erwarten, erst gefragt zu werden, ob man ihren Kindern Süßigkeiten schenken dürfe, ist Arabern entsprechend unverständlich.

Eine dritte Formel lobt ebenfalls den wunderbaren Geschmack einer Mahlzeit. In diesem Fall aber sind es die Gastgeber selbst, die sie aussprechen und damit die Erwartungen der Gäste steigern: »Ihr werdet hinterher eure Finger aufessen.« Gemeint ist: Ihr werdet nach der Mahlzeit eure Finger ablecken, weil es so lecker war. Einige Speisen werden traditionell mit den Fingern gegessen, wie zum Beispiel Weinblätter.

Natürlich gibt es für jedes Kompliment auch eine vorgefertigte Antwort, zum Beispiel: »Deinen Augen zur Ehre«, was gleichbedeutend ist mit »Für dich gerne«.

Eine andere Eigenheit ist das häufige Nachfragen. Im arabischen Raum gilt die Regel, dreimal nachzufragen, ob jemand etwas möchte. Da Araber nicht als gierig gelten wollen, lehnen sie zweimal ab und sagen erst beim dritten Mal, dass sie gern noch etwas hätten. Pure Zeitverschwendung, könnte man meinen – aber andere Sprache, andere Sitten. Umso überraschter reagieren viele Neuankömmlinge, wenn sie ihrem deutschen Gegenüber etwas anbieten – und der sofort »Ja, gerne« sagt (apropos Direktheit). Viele denken dann: Der Arme, der ist aber hungrig – oder auch gierig. Dafür werden sie enttäuscht sein, wenn sie aus Höflichkeit einen Nachschlag ablehnen und nicht noch einmal gefragt werden. Hier achtet man eher darauf, nicht aufdringlich zu sein. Diese Scheu kennen Araber beim gemeinsamen Essen nicht. Sie fragen oft gar nicht nach, sondern füllen den Teller einfach auf – Widerrede ist oft zwecklos.

Gesprächspausen bei Tisch sind vielen Orientalen ein Graus. Floskeln sind deshalb des Arabers bester Freund. Auch eine Stunde nach der ersten Begrüßung kann es vorkommen, dass Gastgeber »Willkommen, willkommen!« *(ahlan wa sahlan)* sagen, um ein unangenehmes Schweigen zu übertönen. Auf Deutsche wirkt das seltsam, immerhin sitzt man bereits eine Stunde zusammen, man hat gegessen, getrunken, und nun wird man erneut begrüßt?! Leidet der Gastgeber an Gedächtnisschwund? Doch im Arabischen ist das ganz normal. Manchmal variiert man ein wenig und sagt *ya mit ahla wa sahla* (»100-mal herzlich willkommen!«). Immerhin eine Steigerung.

Auch immer geeignet, um das Tischgespräch am Laufen zu halten: nach der Familie fragen, selbst wenn man weder Mutter noch Vater je getroffen hat. Es geht darum, eine möglichst nahe Verbindung zueinander zu schaffen – und wie geht das im Arabischen schneller als über die Familie? Nur die Ehefrau lässt man meistens aus, um nicht zu indiskret zu werden. Weitere beliebte Lückenfüller sind: »Wir fühlen uns geehrt« oder »Deine Anwesenheit bringt Licht in unser Haus«. Auf beide Floskeln gibt es selbstverständlich eine passende Antwort: »Auch wir sind geehrt« bzw. »Vielmehr ist das dein Licht«.

Ist das Essen beendet, wagen die Gäste den ersten zaghaften Abschiedsversuch. Ein arabischer Abschied gliedert sich meist in drei Phasen: Die erste Ankündigung des Aufbruchs scheitert. Denn natürlich müssen Wesal und ihr Mann Nasser (obwohl beiden bereits die Augen zufallen) lautstark protestieren: Es sei noch viel zu früh, um zu gehen! Die Gäste müssten noch einen Tee trinken und die Kinder spielten gerade so schön. Okay, man fügt sich anstandshalber. Anfänger würden denken, wenn die Gäste das letzte Glas Tee ausgetrunken haben, würden sie aufbrechen. Fehlanzeige – Wesal fällt ein, dass sie vor Kurzem in dem neuen syrischen Supermarkt war und köstliche Datteln oder Gebäck mitgebracht hat. Und ausnahmsweise sind sich alle einig: Zum Duft der Heimat sagt man nicht »Nein« (und auch generell nicht: kurze Erinnerung an den »Nein-Komplex«). Was folgt, ist eine weitere Tasse Tee plus Gebäck plus Datteln. Sind auch diese verputzt, beginnt Etappe zwei: Die Gäste blicken erneut auf die Uhr, es sei jetzt spät geworden, sie müssten nun aber wirklich aufbrechen. Doch auch diesmal protestieren Wesal und Nasser pflichtbewusst, allerdings weniger vehement, denn auch sie finden insgeheim, es sei Zeit für den lieben Gast zu gehen. Ihr Sohn ist mittlerweile auf dem Teppich eingeschlafen, die Töchter beginnen sich vor Müdigkeit und Erschöpfung zu zanken. Also begleiten Wesal und Nasser ihre Gäste zur Tür – und läuten damit Etappe drei ein: das Verabschiedungsritual an der Türschwelle. Da Araber Schuhe nicht nur vor Moscheen, sondern auch vor Wohnungen ausziehen, warten die Gastgeber an der Tür, bis die Familie ihre Schuhe angezogen hat. Während die Gäste ihre Schnürsenkel ordnen (der Gastgeber hatte sie so überschwänglich begrüßt, dass sie einfach aus den Schuhen schlüpften, was ihnen nun zum Verhängnis wird und den Abschied weiter verzögert), verwickelt Nasser sie unbewusst erneut in ein Gespräch – nicht selten geht es um Kontroverses wie Politik oder die drohende Verwestlichung der eigenen Kinder.

Während die Nachbarn längst schlafen – oder es bis dahin zumindest versucht haben –, wird nun das Gespräch im Treppenhaus fortgesetzt. Da Arabisch viele Seiten hat, darunter auch eine besonders laute, endet diese Abschiedsszene meist nicht ohne Komplikationen. Erst wenn einige Nachbarn die Tür öffnen und Wörter wie »Nachtruhe« und »Polizei« fallen, gehen die Freunde notgedrungen auseinander. Natürlich nicht, bevor sie etliche Abschieds- und Höflichkeitsfloskeln losgeworden sind: Nachtruhe hin oder her, Höflichkeit geht über alles – ein Widerspruch, klar. Aber Araber sind Meister darin, Widersprüche zu übersehen oder einfach anders zu interpretieren. Abschiedsformeln fallen wie »Möge Gott euch beschützen«, »Möge Gott mit euch sein« oder – und das läutet nun endgültig den Abschied ein – »Gehe in Frieden«. Besonders wichtig: die Haustür erst dann schließen, wenn der Gast außer Sichtweite ist. Angenommen, Wesal und Nasser hätten die Gäste gleich nach ihren ersten Anstalten zu gehen zur Tür begleitet, man hätte sich im Auto über deren Unhöflichkeit beschwert. Doch das ist nicht passiert – dank der zahllosen Rituale und Floskeln. Hoch sollen sie leben!

Doch Wesal findet auch, dass man auf einige Formeln ruhig verzichten könne. Vor allem dann, wenn sie nicht ernst gemeint sind. Im Fastenmonat Ramadan müssen in der Familie gegenseitige Einladungen ausgesprochen werden – das gehört einfach dazu. Familie ist eben Familie. Auch wenn man sich mit dem einen oder anderen nicht versteht, zwingt einen die Höflichkeit zu gemeinsamen Treffen. Aber Araber sind dank der Fülle an Floskeln und ihrer Lebenseinstellung auch Meister darin, gute Miene zum bösen Spiel zu machen.

Viele Neuankömmlinge dachten, der Abschieds- und Begrüßungswortschatz würde mindestens eine Doppelstunde im Deutschkurs einnehmen, doch die entsprechenden Wörter waren schnell aufgezählt: »Tschüs«, »Ciao«, »Auf Wiedersehen«, »Danke«, »Gerne« – kein Gruß an die Eltern, kein langwieriges Betteln, um den Abschied hinauszuzögern – gar nichts. »Wie unterkühlt!«, dachten viele. Solch ein Verhalten könnte in ihrer Kultur eine Familienfehde oder gar die Auflösung einer Verlobung auslösen.

Dass die Irritation eine beidseitige sein kann, erzählte ein syrischer Familienvater aus Mühldorf am Inn. Eine Zeit lang begrüßte er seine Arbeitskollegen immer überschwänglich, etwa so: »Hallo, wie gehts, mein Lieber? Wie gehts deiner Familie? Ich hoffe, alle sind gesund? Ja? Und deinem Sohn, deiner Tochter, auch alles gut? Wie läuft es bei ihnen in der Schule?« Bis ihn mal ein Kollege zur Seite nahm und ihm steckte, dass ein einfaches »Hallo« oder »Guten Morgen« auch reichen würde. Er reagierte verwundert, immerhin wollte er ja nur höflich sein. Sein Kollege klopfte ihm auf die Schulter und sagte, das sei bestimmt »was Kulturelles«, aber im Deutschen lege man nicht so großen Wert auf lange Begrüßungsreden. Seitdem hält sich der Syrer etwas zurück. Nur wenn er aus dem Urlaub kommt (übrigens ist auch er kein Frühbucher), sieht man ihm seine Euphorie nach. »Mein Gott, wenn ich sie zwei Wochen lang nicht gesehen habe, dann freue ich mich eben. Aber ich glaube, nach dem Urlaub darf ich das auch«, sagt er lachend.

WALLAH, SIE HAT EIN IMAGEPROBLEM!
Die Angst vor der arabischen Sprache

Ein bärtiger Mann in weißem Gewand, der wütend die Faust in den Himmel reckt und allahu akbar ruft – sieht so das personifizierte Arabisch im 21. Jahrhundert aus? Tatsächlich sehen die meisten Menschen im Westen arabische Schriftzüge nur noch im bedrohlichen Kontext: sei es auf Flaggen von Terrormilizen oder in synchronisierten Bekennervideos. Sie empfinden Angst und Befremden statt Faszination und Neugier. Da das Arabische aber mittlerweile zur deutschen Geräuschkulisse dazugehört, will dieses Kapitel versuchen, den Ängsten auf den Grund zu gehen.

Ein Journalist von der Deutschen Welle saß in einer Berliner U-Bahn, als ihm ein junger Mann auffiel: Er lehnte neben der Tür, trug gelbe Socken, schwarze Jogginghosen – doch das war es nicht, was seine Aufmerksamkeit auf ihn lenkte. Vielmehr war es sein Jutebeutel, auf dem in arabischer Schrift stand: »Dieser Text hat keine andere Bedeutung, als diejenigen zu erschrecken, die Angst vor der arabischen Sprache haben.« Er teilte das Bild im Netz und es ging international durch die Decke. Menschen aus Großbritannien, den USA, aber auch aus dem Nahen Osten diskutierten in der Folge über den Ruf der arabischen Sprache. Das palästinensische Designer-Duo Sana Jammalieh und Haitham Haddad aus Haifa hatte den Jutebeutel erfunden. In einem Interview mit dem Fernsehsender Al Jazeera erklärte Haitham: »Es sollte eine provokative Botschaft sein, um sich über Leute lustig zu machen, die sich vor der arabischen Sprache fürchten. Denn Menschen, die nicht groß nachdenken, verbinden sie sofort mit, ihr wisst schon ... (Terrorismus).«[25]

Als ich die Aufschrift auf dem Jutebeutel las, war ich für einen kurzen Moment amüsiert – dann geriet ich ins Grübeln. Ist das Arabische in der westlichen Welt wirklich nur noch eine »Terroristensprache«? Gibt es Menschen, die Angst vor der Sprache haben? Allein, wenn sie sie irgendwo geschrieben sehen? Die Schönheit der Kalligrafie, die Rafik Schami einmal als »Musik für die Augen« bezeichnete – was ist davon im Bewusstsein der Menschen übriggeblieben?

Laut, lauter, arabisch

Zugegeben: Die arabische Sprache kann manchmal hart und energisch klingen. Wenn sich zwei Araber in der Bahn unterhalten, reden sie oft sehr laut, gestikulieren viel und fallen einander ins Wort – Außenstehende können ein normales Gespräch leicht für einen Streit halten, gehen auf Abstand und wechseln vielleicht sogar den Sitzplatz. Doch in den meisten Fällen handelt es sich um harmlose Gespräche übers trübe Wetter, den Gesundheitszustand der Mutter oder die Schulnoten der Kinder. Ich habe schon zahllose Menschen dabei beobachtet, wie sie die Augen rollten oder mit dem Kopf schüttelten, wenn sie Zeugen des typisch arabischen Kommunikationsstils wurden. Auch wenn ich arabisch spreche, werde ich automatisch lauter. Eine andere Sprache zu sprechen ist immer auch ein anderes Lebensgefühl. Ein arabisches Sprichwort verdeutlichte mir einmal dieses Phänomen auf sehr schöne Weise: »Eine zweite Sprache zu beherrschen ist so, als würde man eine zweite Seele besitzen.«

Hinzu kommt, dass man auf Arabisch exzellent fluchen kann – mindestens genauso leidenschaftlich, wie man seine Liebe ausdrücken kann. Wenn die S-Bahn sich mal wieder verspätet, verfalle ich regelmäßig in einen arabischen Schimpf-Flash. Das deutsche Wort »Scheiße« genügt mir nicht, ich fühle mich danach nicht weniger wütend. Doch das arabische Pendant *khara* gibt mir die nötige Erleichterung. *Khara, khara, khara* – wer das sagt, der ist wirklich wütend, der kocht innerlich. Und danach geht es ihm besser! Sowohl Khalid als auch Lina schimpfen bevorzugt auf Arabisch. Natürlich, denn es ist ja ihre Muttersprache. Aber die emotionale und spielerische Bandbreite ist auch einfach größer, finden sie. Ein großer Fundus ist die Tierwelt: »Du Hund!« *(ya kalb),* »Du Schwein!« *(ya chansir)* oder einfach nur: »Du Tier!« *(ya haywan).* Das lässt sich noch steigern, indem man auch noch die Familie seines Gegenübers mit in den Dreck zieht: »Du Hundesohn!« *(ibn al-kalb).* Solche Schimpfwörter, gepaart mit einer angemessenen Lautstärke, eignen sich hervorragend für das ganz große Drama.

Und ich hätte noch eine Erklärung für die typisch arabische Lautstärke: In arabischen Ländern kämpft man ständig gegen eine Geräuschkulisse an, sei es gegen den im Hintergrund laufenden Fernseher, spielende und schreiende Kinder oder das penetrante Hupen der Autos. Wer gehört werden will, muss sich das akustisch hart erkämpfen. Ich kann mich erinnern, dass ich im Familienurlaub in Ägypten immer heiser wurde. Meine Mutter packte vorsorglich Isländisch Moos ein, das beim Lutschen immer am Gaumen kleben blieb. Meine Cousinen und Cousins dachten, das wären Bonbons. Ich versuchte ihnen zwar klarzumachen, dass sie überhaupt nicht schmecken würden – aber ich klang wohl nicht überzeugend.

Und da auch ich an dem bereits erwähnten Nein-Komplex leide, verteilte ich meine Heiserkeitspastillen freigiebig und flüsterte mich die letzten Urlaubstage eben durch.

Auch wenn ich um drei Uhr nachts durch die Straßen Kairos laufe, frage ich mich manchmal, ob man in dieser Stadt jemals schläft. Stille findet man – wenn überhaupt noch – in der Wüste. Ansonsten ist immer irgendjemand um einen herum. Wenn man – wie die Flüchtlinge – in ein neues Land kommt, in dem nicht ständig gehupt wird oder der Fernseher läuft, könnte man theoretisch eine Stufe runterschalten. Immerhin ist es in einigen U-Bahnen so still, dass man sich kaum traut zu schnäuzen. Doch diese Stille ist für viele Neuankömmlinge nicht hörbar. Denn die Geräuschkulisse reist wie ein unsichtbarer Begleiter mit – so erkläre ich mir zumindest, warum Araber immer lauter als Deutsche sprechen.

In einem Land, in dem es Ruhebereiche im Zug gibt mit Schildern, auf denen »Psst« steht, stößt diese Lautstärke auf Befremden. Verständlich. Kürzlich saß ich in besagtem Ruhebereich und eine Dame schnappte sich ihr Handy und sprach hinter der Glastür weiter (auf Deutsch). Allerdings war sie so laut, dass man jedes einzelne Wort verstand. Ich wartete, wohlwissend was gleich kommen würde, und zählte innerlich herunter: drei, zwei, eins. Das Kopfschütteln begann. Wie eine La-Ola-Welle schwappte es über die Sitzreihen. Ich lächelte der Frau, die sich nach dem Telefonat den Weg durch die feindseligen Sitzreihen hindurch zurück auf ihren Sitz bahnte, deshalb aufmunternd zu. Ich weiß, wie es ist, wenn man lauter spricht, als es die Umgebung von einem erwartet. Es wäre trotzdem schön, wenn sich die mitgereiste Geräuschkulisse für den gesellschaftlichen Frieden nach einigen Monaten leise und dezent verabschieden würde. Dann hätten wir zumindest dieses Problem gelöst. Ich fordere deshalb: Keine Abschiebefrist für die mitgereiste Geräuschkulisse!

Vergessene Einflüsse

Die harte Aussprache und die Lautstärke sind ein Grund, warum das Image der arabischen Sprache nicht das beste ist. Doch die politischen Geschehnisse nach dem 11. September 2001 sind die eigentliche Ursache. Nach und nach fanden viele negativ konnotierte arabische Wörter Eingang in die deutsche Alltagssprache. Heute dominieren »Scharia« oder »Dschihad« die Wahrnehmung der arabischen Sprache. Doch jahrhundertelang waren andere Arabismen im Westen viel präsenter. Das Arabische war eine wichtige Gelehrtensprache, vor allem in den Bereichen Mathematik, Chemie, Astronomie, Medizin und Philosophie. Infolge der islamischen Eroberung von Spanien im 8. Jahrhundert verlagerten orientalische Akademien ihren Standort nach Córdoba, und Al-Andalus entwickelte sich in den folgenden Jahrhunderten zu einem Zentrum muslimischer und jüdischer Gelehrsamkeit. So weckte etwa Ibn Ruschd, der in Córdoba lebte und lehrte, ein neues Interesse an Aristoteles und der griechischen Philosophie in Europa. Und auch naturwissenschaftliche Werke arabischer Autoren waren eine wichtige Quelle für europäische Wissenschaftler.

Viele Grundbegriffe aus diesen Bereichen existieren bis heute in der deutschen Sprache, wie etwa das Wort »Algebra«, das auf *al-gabr* (eigentlich »das Einrichten gebrochener Knochen«, dann »Wiederherstellung der normalen Gleichungsform ohne negative Glieder«[26]) zurückgeht und Teil des Titels eines algebraischen Lehrbuchs von Mohammed ibn Musa al-Khwarizmi (750–850) ist, einem Mathematiker, der aus dem iranischen Choresmien stammt. Er gehörte zu den bedeutendsten Wissenschaftlern im Haus der Weisheit der Abbasiden in Bagdad. Er wird auch »Vater der Algebra« genannt und führte nicht nur die arabischindischen Zahlen ein, sondern erkannte auch die Bedeutung der »Null«. Das Wort »Algorithmus« ist eine Ableitung aus dessen Nachnamen al-Khwarizmi.

Aber nicht nur Fachsprachliches, sondern auch Wörter, die längst eingedeutscht sind wie »Admiral«, »Alkohol«, »Giraffe«, »Matratze«, »makaber«, »Tarif« oder »Zucker«, kommen aus dem Arabischen. Als Vermittlersprachen dienten vor allem Italienisch, Französisch und Spanisch. Mittlerweile ist die arabische Herkunft dieser Wörter im Bewusstsein der meisten Deutschsprechenden verblasst. Stattdessen ist die fremde Sprache eine Geisel islamistischer Ideologien – aber auch einer zunehmenden Islamophobie.

»Gute« und »schlechte« Migrantensprachen

Viele Neuankömmlinge merken ziemlich schnell, dass man ihrer Muttersprache mit Argwohn begegnet. Sie berichten von missmutigen Blicken bis hin zu offenen verbalen Feindseligkeiten. Als ich einmal auf Recherche in Sachsen war, entdeckte ich an einer Litfaßsäule Aufkleber mit der arabischen Aufschrift: »Geht nach Hause zurück, eure Heimat braucht euch!« Immerhin, dachte ich in dem Moment, die Rechten haben sich auf eine fremde Sprache eingelassen, wie erfreulich! So etwas nennt man wohl zielgruppengerechte Kommunikation.

Doch Spaß beiseite: Sprache ist nicht nur ein Werkzeug der Kommunikation, sondern weckt Emotionen – positive oder eben negative. Sprache kann Überfremdungsängste wecken, Sprache kann polarisieren. Der Vorstoß einiger Bundesländer, Arabisch für Flüchtlings- und Migrantenkinder künftig als Schulfach mit Zeugnisrelevanz einzuführen, zog rechte Stimmungsmache nach sich. Bislang sind Migrantensprachen kaum Teil des regulären

Unterrichtsangebots und finden sich, wenn überhaupt, als »geringgeschätztes schulisches Sonderangebot«, »als ein Angebot, das unter anderem deshalb als minderwertig gilt, weil es sich prinzipiell nicht an alle, sondern nur an Nichtdeutsche richtet«, wie Ingrid Gogolin, Erziehungswissenschaftlerin an der Universität Hamburg, schreibt. Gogolin kritisiert, dass das öffentliche deutsche Bildungswesen für den Ausbau und die Pflege dieser Sprachen so gut wie keine Verantwortung übernommen hat. Der offizielle Umgang, den sich Deutschland mit den Sprachen Zugewanderter leiste, trage Züge von Kapitalvernichtung: Wertvolle Ressourcen werden verschwendet, gesellschaftlicher Reichtum vergeudet.[27]

Mehrsprachigkeit wird in der deutschen Gesellschaft meist hoch anerkannt. Doch das gilt merkwürdigerweise nicht für alle Sprachen. Es scheint im gesellschaftlichen Bewusstsein gute und schlechte Migrantensprachen zu geben. Wenn ein Elternteil Englisch oder eine andere westeuropäische Sprache spricht und dem Kind diese vermittelt, wird das vor allem als Vorteil gesehen – was auch daran liegt, dass diese Sprachen in den Kanon der Schulfremdsprachen aufgenommen wurden. Anders als viele Migrantensprachen, die keinen unmittelbaren Bildungswert haben. Auch deshalb werden »Migrantensprachen« wie Türkisch oder Arabisch häufig abgewertet – nicht selten von politischen Parteien wie der CSU, die für Migranten ein »Deutschsprechgebot« zu Hause fordert. Die Türkische Gemeinde in Deutschland verurteilte die CSU-Forderung als »menschenfeindlich«.[28] Und die damalige Integrationsbeauftragte der Bundesregierung, Aydan Özoğuz, nannte den Vorstoß absurd.[29] Auf Twitter reagierte man unter dem Hashtag #YallaCSU mit Humor und fragte sich: Gilt die Deutschpflicht denn auch in bayerischen Wohnzimmern?

Dieses »Deutschsprechgebot« hat seinen Ursprung in der »Normalitätsannahme«, wie Ingrid Gogolin beschreibt: »Die hierzulande als legitim geltende Sprache ist das Deutsche, und ein Leben, das in der einen Sprache Deutsch geführt wird, gilt als das normale.« Sie plädiert dafür, dass diese »Normalitätsannahme«, dass nämlich Individuen und Staaten »normalerweise« einsprachig sind, überwunden wird.

Wenn die Muttersprache der Migranten stets als etwas Minderwertiges behandelt wird, wirkt sich das auf ihren Integrationswillen aus. Wie kann man ein Heimatgefühl entwickeln, wenn nicht einmal für die eigene Muttersprache Platz ist? Sie wird abgelehnt, ruft Angst hervor und inzwischen sogar Hass: Als die Kölner Polizei in der Silvesternacht 2017 Neujahrswünsche auf Arabisch twitterte, erboste sich die AfD-Politikerin Beatrix von Storch darüber, wie es denn sein könne, dass die offizielle Polizeiseite aus NRW sich auf Arabisch mitteile. »Was zur Hölle ist in diesem Land los?«, fragte sie. »Meinen Sie, die barbarischen, muslimischen, gruppenvergewaltigenden Männerhorden so zu besänftigen?« – Weite Teile der Öffentlichkeit reagierten schockiert, Twitter sperrte den Account der Politikerin, die Polizei Köln klagte von Storch wegen Volksverhetzung an. Und all das wegen Neujahrswünschen auf Arabisch.

Missbrauch der arabischen Sprache

Um das Dilemma der arabischen Sprache im 21. Jahrhundert zu beschreiben, genügen zwei arabische Wörter: *allahu akbar*. Sie sind zum Signal des Terrors geworden, Dschihadisten rufen sie, bevor sie ein Attentat begehen. Menschen denken, wenn sie sie hören, an die Terrormiliz »Islamischer Staat«, an Paris, Brüssel, London, an Tod, an das Böse. Um Probleme zu vermeiden, halten sich viele Flüchtlinge an das unausgesprochene Gebot, den Ausruf *allahu akbar* (»Gott ist größer«) in der Öffentlichkeit zu vermeiden. Dabei gehört er für 1,8 Milliarden Menschen auf der Welt zum Alltag – und zwar keineswegs in einem gewaltverherrlichenden Kontext, sondern im Gebet, um Gott zu preisen. Jeder Muslim, der betet, flüstert *allahu akbar*, wenn er sich hinunterbeugt, wieder aufsteht – eben einfach betet.

Aber auch wenn die ägyptische Fußballmannschaft ein Tor schießt, ruft der arabische Kommentator *allahu akbar*; und wenn sich Ägypten nach fast drei Jahrzehnten für die Fußball-Weltmeisterschaft qualifiziert, kriegt der Kommentator sich vor lauter *allahu-akbar*-Rufen gar nicht mehr ein. Wenn Zwillinge geboren werden, rufen Großeltern vor Erleichterung und Überwältigung *allahu akbar*. Wenn nach einer langen Dürre die ersten Tropfen fallen, ruft der Bauer *allahu akbar*. Der Muezzin ruft jeden Tag fünfmal *allahu akbar*, damit die Gläubigen das Gebet verrichten. Menschen rufen *allahu akbar*, wenn sie von Gefühlen überwältigt sind, wenn sie Gott preisen. Wenn ich jedes Mal aufgeschreckt wäre beim Hören dieses Rufes, wäre ich mit sechs Jahren in eine Nervenklinik eingeliefert worden. Umso schrecklicher ist es für viele Muslime, dass die Terroristen den Begriff gekapert und ihm eine hässliche Maske übergestülpt haben.

Nicht nur das Image einer Religion leidet unter den Verbrechen radikaler Gruppen, sondern auch das Image einer Sprache. Dieses Phänomen ist auch aus der deutschen Geschichte bekannt. Die Verbrechen der Nationalsozialisten ruinierten den Ruf des Deutschen für Jahrzehnte. Viele Juden lehnten es nach dem Holocaust ab, ihre deutsche Muttersprache weiterhin zu verwenden. Einige Israel-Auswanderer gaben ihre frühere Muttersprache nicht mehr an ihre Kinder und Enkel weiter, einerseits um sich in der neuhebräischen Sprachwelt einzufinden und die neue

Sprache des jungen Staates Israels zu etablieren, andererseits aber auch aus einer tiefen Aversion heraus.

Im Fall der arabischen Sprache liegen die Dinge etwas anders: Die Arabischsprechenden entwickeln nicht selbst eine Aversion gegen ihre Muttersprache, doch sie leiden unter dem Unbehagen, das andere ihr gegenüber empfinden.

Je arabischer, desto pseudo-religiöser

Islamisten instrumentalisieren nicht nur die Religion, sondern auch die arabische Sprache. Terroristen wie Osama bin Laden waren Kenner der altarabischen Dichtkunst; der Al-Qaida-Terrorist sprach sanft und flüssig, inszenierte sich als Kämpfer für Gerechtigkeit und den »wahren Gott«. Die Sprache war Teil seiner Erfolgsstrategie. Die Islamwissenschaftler Marwan Abou-Taam und Ruth Bigalke widmeten seinen rhetorischen Waffen sogar ein ganzes Buch.[30]

Islamisten verwenden ein mit religiösen Vokabeln gespicktes Hocharabisch, um wissend und gelehrsam zu wirken. Mithilfe dieses rhetorischen Mittels können sich auch religiöse Analphabeten als islamische Rechtsgelehrte inszenieren. Durch ihre so gewonnene religiöse Autorität gelingt es ihnen erfolgreicher, potenzielle Anhänger zu überzeugen. Das Anwerben funktioniert im Zeitalter des Internets häufig durch eine Art Cyber-Dschihad: Sympathisanten werden durch poetische Hymnen auf YouTube (sogenannte *nashid*, Plural: *anashid*) auf emotionaler Ebene angesprochen. Dabei singen Männer ohne instrumentale Begleitung Verse wie »Wir sind Fremde, verneigen uns vor niemandem außer Gott« oder »Ghuraba, wenn du nach uns fragst, so sagen wir: Uns kümmern keine Tyrannen« – das sind Zeilen aus einem der populärsten Lieder namens »Ghuraba«

(»die Fremden«). Das Lied bezieht sich auf einen Hadith, eine mündliche Überlieferung aus dem Leben des Propheten: »Der Islam begann als etwas Fremdes und wird als Fremdes zurückkehren, so wie er begann. Und die Seligkeit gehört den Fremden.« Der genaue Kontext des Satzes bleibt unklar, wie der Orientalist Franz Rosenthal in einem Aufsatz schreibt.[31] Konsens ist aber, dass der Islam in Mekka als fremde religiöse Strömung begann. Mohammeds kleine Anhängerschaft wurde vom arabischen Stamm der Kuraisch angefeindet, die sich dem Polytheismus verschrieben hatten. Salafisten interpretieren den Hadith meist so, dass sie die Fremden unter den Muslimen sind, die noch dem Vorbild des Propheten folgen und somit zu Mohammeds erwähntem Kreis der Fremden zählen. Damit grenzen sie sich von den meisten Gläubigen ab und inszenieren sich als muslimische Elite. Doch es gibt etliche andere Interpretationen dieses Begriffs.

Diese Lieder sind meist keine Schlachtgesänge, vielmehr vermitteln sie den Menschen auf raffinierte Weise: Ihr seid die Auserwählten, die wenigen wahren Muslime, die noch ihre Pflicht erfüllen. Das Arabische soll religiöse Emotionen wecken, anstecken, begeistern. Oft sind die Verse, angelehnt an die altarabische Poesie und die klassische Rezitation, voller Bilder und Metaphern, die fest in der Tradition verankert sind und an die Blütezeit des Islam erinnern. »Ein guter Nashid erreicht ein Publikum, das man mit einer Vorlesung oder einem Buch nicht erreichen würde«, sagte der Dschihad-Ideologe und Al-Qaida-Anhänger Anwar al-Awlaki, der 2011 von einer US-Drohne im Jemen getötet wurde.

Das Nashid »Sabran ya Nafsi« (»Sei geduldig, meine Seele«) fordert klar zum Kampf auf: »Aber ich ging fort, denn ich sah in meinem Land, sich den Kufr (Unglaube) in allen Richtungen verbreiten, und ich nahm meine Waffen und erhob die Flagge und zog aus, um gegen die Feinde zu kämpfen.« Die Texte haben nicht nur eine motivierende, sondern häufig auch eine gemeinschaftsfördernde Wirkung: Man sieht sich als Opfer (häufig des Westens), man leidet gemeinsam und begehrt dagegen nun kameradschaftlich auf. Häufig werden in den Liedern auch Freunde beweint, die im Kampf gestorben sind.

Der deutsche IS-Terrorist und Ex-Rapper Denis Cuspert alias Abu Talha al-Almani (»der Deutsche«), der im Januar 2018 in Syrien bei einem Luftangriff getötet worden sein soll, versuchte, junge Muslime mit Kampfhymnen zu radikalisieren. Er ist ein Beispiel für viele junge Salafisten in europäischen Ländern, die gar kein Arabisch sprechen. Dafür picken sie sich ein paar religiöse Begriffe heraus und lassen diese in ihre Alltagssprache einfließen. Damit wollen sie deutlich machen, dass sie ein Teil der muslimischen *umma* (»Gemeinde«) sind. Zusätzlich übernehmen sie Codes wie die Kleidung oder den Musikgeschmack, um ihre Zugehörigkeit zu zeigen.

Ein weiteres rhetorisches Mittel, das Salafisten einsetzen, ist die wörtliche Übersetzung des Arabischen ins Deutsche. Das hat eine stark historisierende Wirkung und fügt sich in das Bild ein, das sie von sich zeichnen: Sie wollen den Weg der »tugendhaften Vorfahren«, also der ersten Generationen von Muslimen, beschreiten. Sie schwören dem »Diesseits« bzw. dem »Weltlichen« ab und streben nach der Etablierung eines Ursprungsislam, der frei von jeglichen Neuerungen ist. Bewusst distanzieren sich die jungen Salafisten von der gängigen Jugendsprache, da sie sich einer anderen Zeit zugehörig fühlen. Sie verwenden eine antiquiert-brutale Sprache, sagen Sätze wie: »Möge Allah dich rechtleiten oder vernichten.« Dass sie damit Befremden und Angst hervorrufen, ist Teil ihrer Strategie.

Yalla, Bruder!

Abseits der religiösen Instrumentalisierung ist das Arabische inzwischen auch Bestandteil der modernen Jugendsprache geworden, und zwar auch unter deutschen Jugendlichen. Begriffe wie *yalla* (»Los gehts«) wurden im Jahr 2012 vom Langenscheidt-Verlag auf Platz drei der Jugendwörter des Jahres gewählt. Als Khalid durch den Berliner Stadtteil Neukölln ging, fiel ihm auf, dass arabische Wörter sowohl von türkischen als auch von deutschen Jugendlichen benutzt werden. Im »Neuköllner Slang«, wie Khalid ihn nennt, wird *wallah* geschworen, *alhamdulillah* gerufen und Freunde werden mit *akhi* (»Bruder«) begrüßt. »Aber das hat keine religiöse Bedeutung für die Jugendlichen. Sie schwören *wallah* und lügen trotzdem, es ist halt ein Slang«, sagt Khalid. Aber immerhin gibt es hier keine (Berührungs-)Ängste: Die arabischen Mitbürger gehören samt ihrer Sprache zum Kiez, zum Freundeskreis.

In der Forschung ist häufig von »Kiezdeutsch«, »Migrantendeutsch« oder »Gastarbeiterdeutsch«[32] die Rede, was sich vor allem auf Jugendliche mit Migrationshintergrund bezieht, die zwischen Deutsch und der Heimatsprache ihrer Eltern hin- und herswitchen. Die Jugendlichen kombinieren zwei Sprachen miteinander, um ihrer doppelten Zugehörigkeit Ausdruck zu verleihen. Durch ihre »Misch-Sprache«[33] gewinnen sie eine neue, eigenständige Identität. Jahrzehntelang fand die Existenz einer solchen Form der Sprachenkreuzung in Deutschland kaum Beachtung. In der Literatur sorgte der türkischstämmige Autor Feridun Zaimoglu mit seinem 1995 erschienenen Buch »Kanak Sprak« erstmals dafür, dass die deutsche Gesellschaft die Kultur und die gemischte Sprache der jugendlichen Migranten überhaupt zur Kenntnis nahm. Sprachforscherin Heike Wiese nannte sie »Kiezdeutsch« und stellte klar, dass dieses kein »falsches« oder »schlechtes« Deutsch sei, sondern eine »sprachliche Varietät, die in sich stimmig ist« und ein »Zeichen für eine besonders gelungene sprachliche Integration«.[34] Einen religiösen oder politischen Aspekt hat diese Sprache allerdings nicht, sie ist wie viele Jugendsprachen von einem spielerischen Alltagswortschatz geprägt.

Keine Angst vor der arabischen Sprache

Ja, die arabische Sprache hat vielleicht nicht das beste Image. Aber vielleicht tritt nach der Lektüre dieses Buches Neugier an die Stelle von Misstrauen? Vielleicht zuckt man nicht mehr so schnell zusammen, wenn man nebenan arabische Klänge vermutet? Im besten Fall kommt man mit den vielen arabischen Neuankömmlingen ins Gespräch, lässt sich auf ihre Geschichte ein und erinnert sich an die poetischen Kosenamen, die bildhaften Ausschmückungen von Imru al-Qais, die romantischen Balladen von Umm Kulthum und die tausendjährige Tradition von Rhetorik und Eloquenz.

Und vielleicht denkt man an die Geschichten von Lina und Khalid, deren Leben sich in wenigen Jahren um 180 Grad gedreht hat. Beide sind damit beschäftigt, sich in Deutschland zurechtzufinden. Beide geben sich große Mühe, die neue Sprache zu lernen. Doch ihre Muttersprache werden sie dafür nicht aufgeben, sie werden sie an ihre Kinder weitergeben, denn sie ist ein Teil von ihnen. Es gehört zum Alltag so vieler Menschen hierzulande, in einer Sprache zu träumen und in der anderen Sprache zu lieben. Deutschland ist mehrsprachig – und auch das Arabische gehört mittlerweile dazu.

In einer Zeit, in der sich die Vorstellungen und Urteile über Flüchtlinge, Araber und den Islam vor allem aus Klischeebildern und Vorurteilen speisen, greifen Populisten gerne auf falsche Nationalismen zurück. Parteien wie die AfD berufen sich auf das »deutsche Kulturerbe«, auf Dichter wie Goethe oder Heine. Sie blenden dabei aus, dass gerade diese großen Geister sich auf das augenscheinlich Fremde eingelassen haben. Goethe beschäftigte sich nicht nur mit dem Koran und der arabischen Dichtung, sondern auch mit der fremden Schrift. In Goethes Nachlass gibt es zahlreiche eigenhändige Aufzeichnungen in Arabisch, Persisch und Hebräisch. Er übte sich in der Kalligrafie; Bilder seiner Handschrift geben heute noch Zeugnis davon. Sich auf eine fremde Kultur und eine Sprache einzulassen hat nichts damit zu tun, seine eigene Kultur oder Sprache zu vernachlässigen oder gar zu verleugnen – im Gegenteil: Man erweitert sein Blickfeld, hinterfragt seine eigene Wahrnehmung, lernt dazu. Das Fremde ist nicht automatisch das Minderwertigere – im Fremden lernt man für das Eigene. Gelungene Integration erfordert Augenhöhe. Und Augenhöhe stellt sich nur dann ein, wenn Begegnung und Austausch stattfinden.

Während meiner Gespräche hatte ich häufig das Bedürfnis, meinen Protagonisten ein Megafon in die Hand zu drücken. Ich wollte, dass die Menschen um uns herum auch etwas von deren Gedanken- und Gefühlswelt mitbekommen – in all ihrer emotionalen Ausdrucksstärke. Keine Nuance sollte untergehen, denn ist es nicht gerade das, was in der Flüchtlingsdebatte oft passiert?

LIEBLINGSWÖRTER DER GEFLÜCHTETEN
Statt eines Nachworts

Im Anschluss an meine Gespräche habe ich meine Gesprächspartner und -partnerinnen nach ihren deutschen Lieblingswörtern oder -sätzen gefragt.

Lina hat einen Überlebenswortschatz, zu dem Wörter zählen wie »Bratwurst« und »Heizung«. Da Lina die Kälte in Deutschland anfangs sehr zu schaffen machte, war das Wort »Heizung« eines der ersten neuen Wörter, die Lina täglich Erleichterung verschafften. Sie arabisierte die Heizung zwar und verpasste ihr den arabischen Artikel »al«, doch immerhin, sie lernte dabei das Wort. Da Araber sehr gerne Imperative verwenden, rief Lina ihrem Mann Osman also immer zu: »Shaghal al-Heizung« (»Schalte die Heizung an!«).

Auch das Wort »Wurst« hat es Lina angetan, aus einem einfachen Grund: Sie liebt die deutsche Bratwurst. Allerdings isst sie Bratwurst nicht mit Senf, sondern mit Ketchup, Mayonnaise, Zwiebeln und Essiggemüse.

Einmal machte Lina für 30 Personen Weinblätter und freute sich im Anschluss besonders über das Kompliment: »Ein Gedicht!«

Rasha Abbas Lieblingswort ist »praktisch«. Alles in der deutschen Lebenswelt müsse praktisch sein: die Schuhe, die Kleidung, die Möbel und die Sprache – als sei es *das* Qualitätsmerkmal schlechthin. Rasha Abbas bezweifelt allerdings, dass auch die deutsche Literatur diesem Kriterium standhält. Gott sei Dank!

Khalid hat zwei Lieblingswörter: Er antwortet am liebsten mit »gerne«, da das Wort im Gegensatz zu arabischen Höflichkeitsfloskeln kurz und knapp ist und trotzdem herzlich sein kann. Das arabische Pendant »bi kol soror« benutze man in der gesprochenen Sprache kaum, stattdessen verliere man sich in einem Wortschwall.

Sein anderes Lieblingswort ist »süß«. »Es erinnert mich an das arabische Wort für Liebe; ich habe mich einfach darin verliebt.« Vor allem, wenn es von einer Person ausgesprochen wird, von der man das hören möchte.

Wesals Lieblingswörter sind »Grüß Gott«, da sie im Arabischen auch gerne religiöse Floskeln gebraucht. Außerdem scheint sie sprachliche Herausforderungen zu mögen – sie freut sich über jeden Umlaut, den sie aussprechen kann, denn erst dann hat sie das Gefühl, richtig Deutsch zu sprechen. Das Wort »Tschüs« findet sie bei Muttersprachlern besonders schön.

DIE VIER HAUPTPROTAGONISTEN DES BUCHES

© privat

Khalid al-Aboud, 33 Jahre, ist Journalist und stammt aus Daraa. Er ist seit 2014 in Deutschland und wohnt in Berlin.

© privat

Wesal Shbat, 44 Jahre, ist Anwältin und stammt aus Damaskus. Sie ist seit 2015 in Deutschland und wohnt in München.

© privat

Rasha Abbas, 34 Jahre, ist Schriftstellerin und stammt aus Damaskus. Sie ist seit 2014 in Deutschland und lebt heute in Holland.

© privat

Lina Aftah, 29 Jahre, ist Dichterin und stammt aus Salamiyya. Sie ist seit 2015 in Deutschland und wohnt in Herne.

ANMERKUNGEN

1. Rafik Schami: Ich wollte nur Geschichten erzählen, S. 25

2. In: Lawrence Pintak, Lawrence: The New Arab Journalist, S. 11

3. Bassem Youssef: Revolution for Dummies, S. 280 (Übersetzung von der Autorin)

4. Johann Wolfgang von Goethe: West-östlicher Divan, Noten und Abhandlungen, S. 342 f.

5. Katharina Mommsen: Goethe und die arabische Welt, S. 11

6. Lina Atfah, Am Rande der Rettung. In: Weg sein, hier sein – Texte aus Deutschland

7. Bundesministerium des Innern, Pressemitteilungen vom 30.9.2016, 11.1.2017 und 16.1.2018

8. Rainer Ohliger, Filiz Polat, Hannes Schammann und Dietrich Thränhardt: Integrationskurse reformieren

9. Christoph Schroeder, Natalia Zakharova: Sind die Integrationskurse ein Erfolgsmodell?, S. 257–262

10. Bundespsychotherapeutenkammer, Psychische Erkrankungen bei Flüchtlingen in Deutschland. Pressemitteilung vom 16.9.2015

11. Johann Wolfgang von Goethe: West-östlicher Divan. Aus dem Nachlass, S. 121

12. Rasha Abbas: Die Erfindung der deutschen Sprache, S.25

13. Claudia Ott: Magische Märchenstunde, zitiert nach Zeit Online

14. Johann Wolfgang von Goethe: Amralkais Übersetzung (1783). In: Katharina Mommsen: Goethe und die arabische Welt, S. 55

15. Johann Wolfgang von Goethe: West-östlicher Divan, S. 368

16. Johann Gottfried Herder: Wirkung der Arabischen Reiche, S. 440

17. Vgl. Munir Fendri: Heinrich Heine und der Orient, aus dem Arabischen von Martina Stiel

18. Friedrich Rückert: Die Weisheit des Brahmanen, S. 181

19. Aus der Rede Nagib Mahfuz anlässlich der Entgegennahme des Nobelpreises für Literatur 1988, abgedruckt in »Die Zeit« am 21.10.1988

20. Zitiert nach Ali Ghandour: Lust & Gunst – Sex und Erotik bei muslimischen Gelehrten

21. Khalid Al-Maaly: Die Flügel meines schweren Herzens, S. 25

22. Abu Abdallah Muhammad an-Nafzawi: Der duftende Garten zur Erbauung des Gemüts

23. Edward Said, Lob der Eloquenz oder Vom Glück der richtigen Worte, zitiert nach taz, 13.8.2004

24. Global Passport Power Rank 2018

25. Nigel Wilson: Tote bag designers: Idea came from our reality as Arabs. Al Jazeera, 19.8.2016

26. Duden: Herkunftswörterbuch

27. Ingrid Gogolin: Sprachenvielfalt durch Zuwanderung – ein verschenkter Reichtum in der (Arbeits-)Welt?

28. Türkische Gemeinde: Sprachvorstoß »menschenfeindlich«, Süddeutsche.de

29. Özoguz schaltet sich in Debatte um Deutsch-Pflicht ein, Abendblatt.de

30 Marwan Abou-Taam (Hg.), Ruth Bigalke (Hg.): Die Reden des Osama bin Laden

31 Franz Rosenthal: The Stranger in Medieval Islam

32 Eva Neuland: Jugendsprache. Eine Einführung, S 158

33 Vgl. Volker Hinnenkamp: Sprachalternieren – ein virtuoses Spiel? Zur Alltagssprache von Migrantenjugendlichen. In: Eva Neuland (Hg.) Jugendsprachen – Spiegel der Zeit, S. 411.

34 Heike Wiese: Kiezdeutsch – ein neuer Dialekt. Bundeszentrale für politische Bildung, bpb.de

LITERATURVERZEICHNIS

Abbas, Rasha (2016): Die Erfindung der deutschen Grammatik. Berlin.

Abou-Taam, Marwan: Die Macht der Sprache in der arabischen Kultur. In: Weiershausen, Romana (Dr.), Wilke, Insa (Dr.), Gülcher, Nina (2011): Aufgeklärte Zeiten? Religiöse Toleranz und Literatur. Berlin.

Abou-Taam, Marwan (Hrsg); Ruth Bigalke (Hrsg.) (2006): Die Reden des Osama bin Laden. München.

Al-Buhari (2010): Die Sammlung der Ḥadithe. Stuttgart.

Al-Maaly, Khalid (2017): Die Flügel meines schweren Herzens: Lyrik arabischer Dichterinnen vom 5. Jahrhundert bis heute. München, Zürich.

An-Nafzawi, Abu Abdallah Muhammad (2002): Der duftende Garten zur Erbauung des Gemüts – Ein arabisches Liebeshandbuch. München.

Atfah, Lina (2016): Am Rande der Rettung. In: Weg sein, hier sein – Texte aus Deutschland. Zürich.

Duden (2013): Das Herkunftswörterbuch. Etymologie der deutschen Sprache. 5. Auflage, Berlin.

Fouad, Hazim (Hrsg.), Said, Benham T. (Hrsg.) (2014): Salafismus – Auf der Suche nach dem wahren Islam. 2. Auflage, Freiburg.

Ghandour, Ali (2015): Lust & Gunst – Sex und Erotik bei den muslimischen Gelehrten. Hamburg.

Goethe, Johann Wolfgang von (1999): West-östlicher Divan – Studienausgabe. Stuttgart.

Goethe, Johann Wolfgang von (1783): Amralkais Übersetzung. In: Mommsen, Katharina (1988): Goethe und die arabische Welt. 3. Auflage, Berlin.

Hinnenkamp, Volker (2003): Sprachalternieren – ein virtuoses Spiel? Zur Alltagssprache von Migrantenjugendlichen. In: Neuland, Eva: Jugendsprache – Spiegel der Zeit. Frankfurt/M. etc.

Heller, Erdmute; Mosbahi, Hassouna (1997): Hinter den Schleiern des Islam – Erotik und Sexualität in der arabischen Kultur. München.

Henning, Max (2005): Der Koran. Das heilige Buch des Islam, überarbeitet und hrsg. von Murad Wilfried Hofmann. Istanbul/München.

Herder, Johann Gottfried (2013): Ideen zur Philosophie der Geschichte der Menschheit. Berlin.

Mommsen, Katharina (1988): Goethe und die arabische Welt. 3. Auflage, Frankfurt am Main.

Neuland, Eva (2008): Jugendsprache – Eine Einführung. Tübingen, Basel.

Osman, Nabil (Hrsg.) (2010): Kleines Lexikon deutscher Wörter arabischer Herkunft. 8. Auflage, München.

Pintak, Lawrence (2011): The New Arab Journalist – Mission and Identity in a Time of Turmoil. New York.

Rübesamen, Anneliese (Hrsg.) (2016): Arabische Weisheiten – Vom Zauber alter Zeiten. Köln.

Rückert, Friedrich (1837): Die Weisheit des Brahmanen. Band 2, Leipzig.

Rosenthal, Franz (1997): The Stranger in Medieval Islam. Leiden.

Schami, Rafik (2017): Ich wollte nur Geschichten erzählen – Mosaik der Fremde. Berlin.

Schami, Rafik (2016): Vom Zauber der Zunge – Reden gegen das Verstummen. 5. Auflage, München.

Schroeder, Christoph; Zakharova, Natalia (2015): Sind die Integrationskurse ein Erfolgsmodell? Kritische Bilanz und Ausblick. In: Zeitschrift für Ausländerrecht und Ausländerpolitik. Baden-Baden.

Thill, Hans (Hrsg.), Atfah, Lina; Al-Matroud, Mohmmed; Wahesh, Raed; Omranur, Rasha (2018): Deine Angst – Dein Paradies: Poesie der Nachbarn – Gedichte aus Syrien. Heidelberg.

Youssef, Bassem (2017): Revolution for Dummies: Laughing Through the Arab Spring. New York.

INTERNETQUELLEN

Alle angegebenen Internetlinks wurden zuletzt am 03.06.2018 überprüft.

Bundesministerium des Innern, Pressemitteilungen vom 30.9.2016, 11.1.2017 und 16.1.2018. Online unter www.bmi.bund.de

Bundespsychotherapeutenkammer (2015): Psychische Erkrankungen bei Flüchtlingen in Deutschland. Online unter https://www.bptk.de/uploads/media/20150916_PM_BPtK_psychische_Erkrankungen_bei_Fluechtlingen.pdf.

Fendri, Munir (2018): Heinrich Heine und der Orient, aus dem Arabischen von Martina Stiel. Online unter https://de.qantara.de/inhalt/heinrich-heine-und-der-orient-fasziniert-von-der-alt-arabischen-poesie.

Global Passwort Power Rank 2018. Online unter https://www.passportindex.org/byRank.php, abgerufen am 03.06.2018

Gogolin, Ingrid. Sprachenvielfalt durch Zuwanderung – ein verschenkter Reichtum in der (Arbeits-)Welt? Online unter http://www.forschungsnetzwerk.at/downloadpub/gogolin_sprachenvielfalt.pdf.

Hamburger Abendblatt (2014): Özoguz schaltet sich in Debatte um Deutsch-Pflicht ein. Online unter https://www.abendblatt.de/politik/deutschland/article135132334/Oezoguz-schaltet-sich-in-Debatte-um-Deutsch-Pflicht-ein.html.

Mahfuz, Nagib (1988): Die Gasse – das ist meine Geschichte. Online unter https://www.zeit.de/1988/43/die-gasse-das-ist-meine-geschichte.

Ohliger, Rainer; Polat, Filiz; Schammann, Hannes; Thränhardt, Dietrich (2017): Integrationskurse reformieren. Steuerung neu koordinieren: Schritte zu einer verbesserten Sprachvermittlung. Heinrich-Böll-Stiftung. Online unter http://heimatkunde.boell.de/e-paper-integrationskurse-reformieren.

Ott, Claudia (2018): Magische Märchenstunde. Online unter www.zeit.de/zeitgeschichte/2017/04/tausendundeine-nacht-geschichten-orient-okzident.

Said, Edward (2004): Lob der Eloquenz oder Vom Glück der richtigen Worte. Online unter http://www.taz.de/!713715/.

Türkische Gemeinde: Sprachvorstoß „menschenfeindlich". In Süddeutsche.de vom 8.12.2014. Online unter http://www.sueddeutsche.de/news/politik/parteien-tuerkische-gemeinde-sprachvorstoss-menschenfeindlich-dpa.urn-newsml-dpa-com-20090101-141208-99-02831.

Wiese, Heike (2010): Kiezdeutsch – ein neuer Dialekt. Online unter http://www.bpb.de/apuz/32957/kiezdeutsch-ein-neuer-dialekt?p=all.

Wilson, Nigel (2016): Tote bag designers: Idea came from our reality as Arabs. Online unter https://www.aljazeera.com/indepth/features/2016/08/tote-bag-designers-idea-reality-arabs-160818162129045.html.

© Duden 2018   D C B A
Bibliographisches Institut GmbH, Mecklenburgische Straße 53, 14197 Berlin

Redaktion Juliane von Laffert
Fachliche Beratung Anke Bremer
Herstellung Ursula Fürst
Layout und Satz Schimmelpenninck.Gestaltung, Berlin
Umschlaggestaltung Schimmelpenninck.Gestaltung, Berlin
Umschlagabbildung © Iyad Younes, Younes Design, Köln
Druck und Bindung Kösel GmbH & Co. KG
Am Buchweg 1, 87452 Altusried-Krugzell
Printed in Germany

ISBN 978-3-411-72404-8
Auch als E-Book erhältlich unter: ISBN 978-3-411-91261-2
www.duden.de